## 글 파피루스

탄탄한 정보와 톡톡 튀는 아이디어로, 재미있고 유익한 학습 만화를 쓰는 데 최선을 다하고 있습니다. 어린이들의 상상력을 자극하고, 소중한 꿈이 무럭무럭 자라도록 돕는 것이 파피루스의 목표입니다. 주요 작품으로는 《카트라이더 지구를 지켜라》, 《수학 천하통일》, 《경제 비타민 나도 부자 시리즈》, 《Why?-별과 별자리》, 《Why?-응급 처치》, 《Why?-파충류와 양서류》 등이 있습니다.

## 그림 툰쟁이

어린이들이 소중히 간직할 작품을 만들기 위해 열정을 쏟고 있는 학습 만화 창작팀입니다. 어린이들에게 꿈과 희망을 주는 유익한 학습 만화를 그리기 위해 노력하고 있습니다.

감수 경기초등사회과연구회
**진로 탐색 감수 이랑**(한국고용정보원 전임연구원)
**추천 송인섭**(숙명 여자 대학교 명예 교수)

 세계 인물

노먼 베쑨

**개정판 1쇄 인쇄** 2024년 11월 15일
**개정판 1쇄 발행** 2025년 1월 1일

**글** 파피루스 **그림** 툰쟁이

**펴낸이** 김선식
**펴낸곳** 다산북스

**부사장** 김은영
**어린이사업부총괄이사** 이유남
**책임편집** 박세미 **디자인** 김은지 **책임마케터** 김희연
**어린이콘텐츠사업1팀장** 박정민 **어린이콘텐츠사업1팀** 김은지 박세미 강푸른
**마케팅본부장** 권장규 **마케팅3팀** 최민용 안호성 박상준 김희연
**편집관리팀** 조세현 김호주 백설희 **저작권팀** 이슬 윤제희 **제휴홍보팀** 류승은 문윤정 이예주
**재무관리팀** 하미선 김재경 임혜정 이슬기 김주영 오지수
**인사총무팀** 강미숙 이정환 김혜진 황종원
**제작관리팀** 이소현 김소영 김진경 최완규 이지우 박예찬
**물류관리팀** 김형기 김선민 주정훈 김선진 한유현 전태연 양문현 이민운

**출판등록** 2005년 12월 23일 제313-2005-00277호
**주소** 경기도 파주시 회동길 490
**전화** 02-704-1724 **팩스** 02-703-2219
**다산어린이 카페** cafe.naver.com/dasankids **다산어린이 블로그** blog.naver.com/stdasan
**종이** 신승NC **인쇄** 북토리 **코팅 및 후가공** 평창피앤지 **제본** 대원바인더리

**ISBN** 979-11-306-5826-1 14990

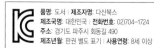

**품명**: 도서 | **제조자명**: 다산북스
**제조국명**: 대한민국 | **전화번호**: 02)704-1724
**주소**: 경기도 파주시 회동길 490
**제조년월**: 판권 별도 표기 | **사용연령**: 8세 이상

※ KC마크는 이 제품이 공통안전기준에 적합하였음을 의미합니다.

# 노먼 베쑨

## Henry Norman Bethune

다산
어린이

# 자신만의 멘토를 만날 수 있는
# who? 시리즈

　다산어린이의 〈who?〉 시리즈는 어린이들은 물론 어른들에게도 재미와
감동을 주는 교양 만화입니다. 〈who?〉 시리즈는 전 세계 인류에 영향력을
끼친 인물들로 구성되었으며 인물들의 삶과 사상을 객관적으로 전해
줍니다.

　이처럼 다양한 나라와 분야에서 활약한 위인들의 이야기를 통해 과학,
예술, 정치, 사상에 관한 정보는 물론이고, 나라별 문화와 역사까지 배우게
될 것입니다. 〈who?〉 시리즈의 가장 큰 장점은 위인들이 그들의 삶에서
겪은 기쁨과 슬픔, 좌절과 시련, 감동을 어린이들이 함께 느낄 수 있다는
것입니다. 어린이들은 이 책을 읽으면서 폭넓은 감수성을 함양하게 됩니다.

　〈who?〉 시리즈의 어린이 독자들이 책 속의 위인들을 통해 자신만의
멘토를 만나 미래의 세계적인 리더로 성장하기를 진심으로 응원합니다.

### 존 덩컨 미국 UCLA 동아시아학부 교수

존 덩컨(John B. Duncan) 교수는 한국학 분야의 세계적인 석학으로
미국 UCLA 한국학 연구소 소장 및 동 대학의 동아시아학부 교수를
겸직하고 있습니다. 하버드 대학교 교환 교수와 고려 대학교 해외
교육 프로그램 연구센터장을 역임했으며, 주요 저서로는
《조선 왕조의 기원》, 《조선 왕조의 시민 행정의 제도적 기초》 등이
있습니다.

# 세상을 더 나은 곳으로 만든 사람들의 이야기

어린이들은 자라면서 수많은 궁금증을 가지게 됩니다. 그중에서도 "저 사람은 누굴까?"라는 질문은 종종 아이들의 머릿속을 온통 지배해 버리기도 합니다. 다산어린이에서 출간된 〈who?〉 시리즈는 그런 궁금증을 해결해 주기 위해 지구촌 다양한 분야의 리더들을 소개하고 있습니다.

〈who?〉 시리즈에 등장하는 인물들은 인종과 성별을 넘어 세상을 더 나은 곳으로 만든 사람들입니다. 어린이들은 이 책에서 디지털 아이콘으로 불리는 스티브 잡스는 물론 니콜라 테슬라와 같은 천재 발명가를 만날 수 있습니다.

책 속 주인공들의 어린 시절 이야기를 통해 기쁨과 슬픔, 도전과 성취감을 함께 맛보고, 그들과 함께 성장하면서 스스로 창조적이고 인류에 도움이 되는 사람이 되겠다는 포부와 자신감을 갖게 될 것입니다.

〈who?〉 시리즈 속에서 다채롭고 생동감 넘치는 위인들의 이야기를 만나 보세요.

**에드워드 슐츠** 하와이 주립 대학교 언어학부 교수

에드워드 슐츠(Edward J. Shultz) 하와이 주립 대학교 언어학부 교수는 동 대학의 한국학센터 한국학 편집장을 역임한 세계적인 석학입니다. 평화봉사단 활동의 하나로 한국에서 영어 교사로 근무한 경험이 있으며, 현재 한국과 미국, 일본을 오가며 활발한 활동을 펼치고 있습니다. 저서로는 《중세 한국의 학자와 군사령관》, 《김부식과 삼국사기》 등이 있고, 한국 중세사와 정치에 대한 다수의 기고문을 출간했습니다.

# 미래 설계의 힘을 얻는 길이 여기에 있습니다

어린이가 성장하는 시기에는 스스로 미래를 설계하며 다양한 책을 접하는 경험이 필요합니다.

어린 시절 만난 한 권의 책이 인생에 미치는 영향이 얼마나 큰지는 꿈을 이룬 사람들의 말을 통해서 알 수 있습니다. 빌 게이츠는 오늘날 자신을 만든 것은 동네의 작은 도서관이었다고 말하고, 오프라 윈프리는 어린 시절 유일한 친구는 책이었음을 고백하며 독서의 중요성에 대해 이야기합니다.

꿈을 이룬 사람들의 공통점은 또 있습니다. 그들에게는 어린 시절, 마음속에 품은 롤 모델이 있었습니다. 여러분의 롤 모델은 누구인가요? 〈who?〉 시리즈에서는 현재 우리 어린이들이 가장 닮고 싶어하는 롤 모델을 만날 수 있습니다. 버락 오바마, 빌 게이츠, 조앤 롤링, 스티브 잡스 등 세상을 바꾼 사람들의 감동적인 이야기를 담은 〈who?〉 시리즈는 어린이들이 구체적인 목표를 설정하고 희망찬 비전을 세울 수 있도록 도와줄 친구이면서 안내자입니다. 〈who?〉 시리즈를 통하여 자신의 인생 모델을 찾고 미래 설계의 힘을 얻을 수 있습니다.

**송인섭** 숙명 여자 대학교 명예 교수

숙명 여자 대학교 명예 교수이자 한국영재교육학회 회장으로 자기주도학습 분야의 최고 권위자입니다. 한국교육심리연구회 회장, 한국교육평가학회장, 한국영재연구원 원장을 역임했습니다. 자기주도학습과 영재 교육의 이론을 실제 교육 현장에 적용하기 위해 노력하고 있습니다.

# 평생을 이끌어 줄
# 최고의 멘토를 만날 수 있는 책

10대에 가장 중요한 것은 무엇일까요? 학과 공부와 입시일까요?
우리나라 최초의 국제회의 통역사로 30년 동안 활동하면서 글로벌
리더들을 만날 기회가 수없이 많았던 저는 대한민국의 초등학생들에게
특별한 조언을 해 주고 싶습니다. 그것은 큰 꿈을 가지는 것이 무엇보다
중요하다는 것입니다.

꿈은 힘들고 지칠 때 나를 이끌어 주는 힘이고 내 인생의 주인이 되어
일어설 수 있게 하는 원동력이 되어 줍니다. 꿈이 있는 아이가 공부도
잘하고 결국 그 꿈을 실현할 수 있게 되는 것입니다. 저 역시 어린 시절
품었던 꿈이 지금의 자리에 있게 한 원동력이었습니다. 남들이 모르는 큰
꿈을 마음속에 간직하고 있었기에 괴롭고 힘들어도 포기하지 않고 다시
일어설 수 있었습니다.

어린 시절 저에게도 힘들고 지칠 때마다 용기를 불어넣어 주고
힘이 되어 주었던 분들이 있었습니다. 지금의 자리로 저를 이끌어 준
멘토들처럼 〈who?〉 시리즈에서 여러분의 친구이자 형제, 선생이 되어 줄
멘토를 만날 수 있기를 바랍니다.

**최정화** 한국 외국어 대학교 교수

우리나라 최초의 국제회의 통역사로 현재 한국 외국어 대학교
통번역대학원 교수로 재직 중입니다. 세계 무대에서 자신의 꿈을
이룬 여성 신화의 주인공으로, 역시 세계에서 꿈을 펼치려고 하는
청소년들에게 멘토로서의 역할을 충실히 하고 있습니다. 저서로는
《외국어 내 아이도 잘할 수 있다》, 《외국어를 알면 세계가 좁다》,
《국제회의 통역사 되는 길》 등이 있습니다.

# 차 례

Henry
Norman Bethune

# 노먼 베쑨

- 이름: 노먼 베쑨
- 생몰년: 1890~1939년
- 국적: 캐나다
- 직업·활동 분야: 의사,
  사회 활동가
- 주요 업적: 에스파냐 내전
  참전(1936~1938년)
  중일 전쟁 참전
  (1938~1939년)

어린 시절 호기심이 많았던 노먼 베쑨은 부모님이 골치를 썩을 만큼 말썽꾸러기였습니다. 하지만 그만큼 탐구심도 강했던 그는 열심히 공부해 의사가 되었어요. 그리고 행복과 성공이 보장된 길이 펼쳐졌다고 생각했던 순간, 노먼 베쑨은 의사가 없어 죽어 가는 전쟁터의 부상자들에게로 달려갑니다. 과연 무엇 때문에 노먼 베쑨은 이런 선택을 했을까요?

## 노먼 베쑨의 어머니

노먼 베쑨의 어머니는 어린 시절부터 호기심 많은 사고뭉치였던 노먼 베쑨을 따뜻하게 감싸 주는 인자한 분이었습니다. 또한 어려운 형편 속에서도 노먼 베쑨이 의사라는 꿈을 포기하지 않도록 용기를 낼 수 있게 응원해 줍니다.

## 프란시스 캠벨 페니

스코틀랜드 명문가 출신의 프란시스 캠벨 페니는 촉망받는 의사 노먼 베쑨과 결혼합니다. 하지만 두 사람의 행복한 시간은 그리 오래가지 못했어요. 노먼 베쑨이 당시 불치병으로 여겨지던 폐결핵에 걸리고 만 것입니다. 하지만 두 사람은 어려움 속에서도 그 위기를 극복해 냅니다.

## 들어가는 말

■ 자신의 행복을 뒤로 한 채 인류애를 실천한 진정한 의사 노먼 베쑨에 대해 알아봅시다.

■ 노먼 베쑨이 활약했던 에스파냐 내전과 중일 전쟁에 대해 알아보고 당시의 국제 정세는 어떠했는지 살펴봐요.

■ 노먼 베쑨의 이야기를 통해 '진정한 의사'란 무엇을 의미하는 것인지 생각해 봐요.

# 1 호기심 많은 소년

어?

헨리, 기도 시간이잖아. 어서 앉으렴.

헨리!

'헨리'는 베쑨의 어린 시절 이름입니다.

조심
조심.

잡았다!

끼
얘

베쑨은 모험심이 강한 아이였습니다.
다리가 부러진 적이 두 번이나 있었지만
베쑨의 모험심을 막을 수는 없었습니다.

목사였던 헨리의 아버지는 부자와 가난한 사람에 관한 설교를 자주 했습니다.

부자가 천국에 들어가는 것은 낙타가 바늘구멍에 들어가는 것보다 어렵습니다.

첫, 이럴 줄 알았으면 다른 교회에 가는 건데……

가진 것을 모두 버려야만 천국에 갈 수 있습니다.

뭐라고요? 이상한 교회구먼. 빨리 가세나.

아버지는 부자보다 가난한 사람들을 더 소중하게 생각하시는구나.

우리 아이가 아픕니다, 목사님, 기도해 주세요.

어디가 아픕니까? 당장 가서 기도해 드리겠습니다. 같이 갑시다.

감사합니다, 목사님.

애들아,
아빠 왔다.

아빠, 빨리
와 보세요.

알았다,
알았어.

엥?

왜 거실
소파가 주방에
있는 거지?

헨리의
작품이죠. 뭐.

소파 모양과
색깔이 주방과 더
잘 어울리는 것
같아서요, 헤헤헤.

아얏!

좋긴 뭐가 좋아. 좁으니까 이런 일이 생기잖아, 이 사고뭉치야!

그건 누나가 조심하지 않아서 그런 거지.

여보…….

불편하긴 하지만, 다르게 생각하면 즐거운 경험인 것 같아요.

가구 옮기기는 베쑨이 자주 하던 놀이였어요. 가족들은 불편했지만 어린 베쑨이 자유로운 생각과 행동을 할 수 있도록 내버려 두었습니다.

여보! 내 서재에 책상이 없어요!

헨리, 이렇게 사람이 많은 거리에서는 엄마 곁에 꼭 붙어 있어야 해.

왜요?

너 혼자 다니다가 길을 잃어버릴까 봐 그러지.

만약 길을 잃어버리면 어떻게 해요?

그럴 땐 경찰관 아저씨를 찾아 도움을 요청해야지.

음······.

길을 잃어버리면
어떻게 되나
궁금했어요.

그래서 경찰
아저씨에게
길을 잃었다고
얘길 했죠.

일부러
그랬단 말이야?

네, 엄청
재밌었어요.

헨리, 그런 일은
옳지 않아.

우리가
얼마나 걱정했는
줄 알아? 또
사고 치면 혼날
줄 알아.

죄송해요.

베쑨의 지나친 호기심은 때로
부모님의 속을 썩이기도
했답니다.

베쑨의 가족은 여름이면 강가에서 휴가를 보내곤 했습니다.

어때, 나 수영 잘하지?

글쎄. 아빠보다는 많이 부족한 것 같은데?

무슨 소리야? 나도 아빠만큼 수영을 잘한다고.

아빠는 헤엄쳐서 강을 건넌 적도 있어.

쳇. 말도 안 돼.

물론 나도 건널 수 있고.

좋아. 내 실력을 보여 주지.

헨리,
왜 그렇게
위험한 행동을
하는 거야?

죄송해요.

여보, 너무
나무라지 마세요.

하마터면
큰일 날 뻔했잖아!
이 사고뭉치 녀석!

이런 경험을
통해서 헨리도
많은 것을 배우게
될 거예요.

비록 목숨을 잃을 뻔한 사고가 있었지만,
어린 베쑨은 도전을 멈추지 않았습니다.
결국 이듬해에 헤엄을 쳐서 강을
건너는 데 성공하고야 말았습니다.

# 노먼 베쑨의 성공 열쇠

진정한 의사, 노먼 베쑨

노먼 베쑨(1890~1939년)은 캐나다 최고의 외과 의사가 되어 부와 명성을 누릴 수 있는 위치에 있었지만, 자신의 이익보다는 다른 사람의 고통을 먼저 헤아릴 줄 아는 의사였습니다. 몸을 사리지 않고 환자를 돌보던 노먼 베쑨은 당시에는 고치기 힘든 병이었던 폐결핵에 걸린 적이 있었습니다. 그러나 노먼 베쑨은 강한 의지로 죽음의 위기를 극복했고, 건강을 되찾은 후에는 폐결핵 치료에 앞장섰습니다. 그리고 끊임없는 연구와 노력으로 새로운 수술법을 개발하고 수술에 도움이 되는 의료 도구를 만들었습니다.

또한 노먼 베쑨은 캐나다의 의료 보건 제도를 확립하는 데 큰 공을 세웠습니다. 돈이 없어서 치료받지 못하는 사람들을 위해 아픈 사람은 무조건 치료를 받을 수 있도록 캐나다의 의료 제도를 고쳤습니다. 또한 노먼 베쑨은 병원에 앉아서 환자를 기다리는 의사가 아니라 환자에게 먼저 달려간 진정한 의사였습니다. 에스파냐와 중국에서 전쟁이 일어났을 때에는 전쟁의 참혹한 실상을 세계에 알리려 노력했고, 직접 전쟁터로 달려가 부상병을 치료했습니다. 총에 맞거나 포탄이 터져 언제 죽을지 모르는 상황에서도 항상 최선을 다해 부상병들을 치료했으며, 보다 많은 부상병들을 살리기 위해 전쟁터 최초의 혈액 은행인 '이동 수혈대'를 만들었습니다. 그러다 안타깝게도 부상자를 수술하다가 생긴 상처가 세균에 감염되어 노먼 베쑨은 중국의 전쟁터에서 죽음을 맞이하게 되었습니다. 노먼 베쑨은 수많은 사람의 생명을 구하고 평화를 위해 애쓰던 진정한 의사로, 지금도 많은 의사의 본보기가 되어 존경받고 있습니다.

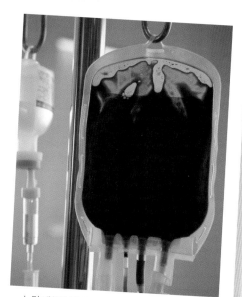

노먼 베쑨은 전쟁터에서 보다 많은 부상병을 살리기 위해 '이동 수혈대'를 만들어 냈습니다.

캐나다 온타리오주 그레이븐허스트에 있는 노먼 베쑨의 생가.
현재는 노먼 베쑨 기념관입니다.

## 하나    도전 정신

노먼 베쑨은 어려서부터 도전 정신이 강한 아이였습니다.
나비를 잡으려고 절벽을 오르다가 두 번이나 다리가
부러지기도 했고, 강을 헤엄쳐 건너다가 죽을 뻔하기도
했습니다. 하지만 이듬해 다시 도전해서 결국 강을
건너고야 말았습니다. 이처럼 그는 새로운 도전에 겁을
내지 않았습니다.

또한 노먼 베쑨은 어려운 가정 형편 때문에 고등학생
때부터 아르바이트를 해야 했습니다. 그는 증기선에서
불을 때는 화부 일을 하거나 벌목 노동자로 나무를 베는 등
궂은일도 마다하지 않았습니다.

이러한 도전 정신은 그가 전쟁에 참여하기로 결정할 때 큰
도움이 되었습니다. 전쟁터에 가는 것은 누구에게나 두려운
일이지만, 그는 겁내지 않고 자신을 기다리는 부상병들을
향해 달려갔습니다. 강한 도전 정신이 없었다면 불가능한
일이었을 거예요.

노먼 베쑨은 전쟁터라도 마다하지 않고 자신의 도움을
필요로 하는 부상병들에게 달려갔습니다.

# who? 지식사전

## 에스파냐 내전

내전이란 한 나라 안에서 일어난 싸움을 의미합니다. 에스파냐 내전은 1936년 에스파냐에 인민 전선 내각이 성립되자, 이에
반대하는 프랑코 장군이 그해 7월 17일 모로코에서 반란을 일으키면서 시작되었습니다.

독일과 이탈리아는 프랑코 장군 측을 강력하게 지원했으나, 인민 전선 정부군 측을 원조한 것은 소련뿐이었습니다.

그 때문에 상황은 점차 정부군에 불리하게 돌아갔고, 1939년 3월에
수도 마드리드가 함락되면서 내전은 프랑코 장군의 반정부군 측 승리로
끝나게 됩니다. 이 내전으로 인해 에스파냐 전 지역이 황폐해졌고, 내전
과정에서 사망한 사람의 수는 50만 명이 넘었습니다. 또한 내전 후에도
승리한 반란군 측에 의하여 반대 세력에 대한 대대적인 숙청과 보복이
발생했습니다. 한편 에스파냐의 총통이 된 프랑코는 1975년 사망할
때까지 1인 독재 정치를 계속했습니다.

내전 당시 폭격으로 페허가
된 에스파냐의 게르니카

프란시스코 프랑코
© Bundesarchiv

## 둘 　 강한 의지

노먼 베쑨은 강한 의지를 갖춘 사람이었습니다. 폐결핵
진단을 받았을 때도 처음에는 슬퍼하고 괴로워했지만, 그저
죽음을 기다리는 다른 환자들과는 달리 노먼 베쑨은 병을
극복하겠다는 의지로 스스로 치료법을 연구했습니다.
체념하고 죽음을 기다리는 것이 아니라, 병을 치료할 수
있는 방법을 찾기 위해 고통 속에서도 두꺼운 의학책들을
읽으며 폐결핵을 연구했고 치료 방법에 대해 담당 의사와
의논했습니다. 담당 의사는 처음에는 노먼 베쑨이 원하는
수술 방식을 탐탁지 않게 생각했지만, 노먼 베쑨의 삶에
대한 강한 의지를 꺾을 수는 없었습니다.
결국, 수술은 성공적으로 이루어졌고 노먼 베쑨은 건강을
되찾을 수 있었습니다. 죽음에 대한 두려움보다 노먼
베쑨의 의지가 더 강했기에 가능한 일이었습니다.

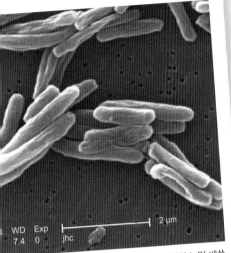

전자 현미경으로 본 결핵균. 폐결핵에 걸렸던 노먼 베쑨
은 삶을 포기하지 않고 치료법에 관한 많은 연구를 했습
니다.

## 셋 　 정의감

노먼 베쑨은 어린 시절 자주 이사를 해야 했습니다.
목사였던 그의 아버지는 확고한 신념을 갖고 불의와
타협하지 않았습니다. 그래서 가난한 노동자들을 착취하는
부자들과 다툰 뒤 그들의 미움을 사 교회를 운영할 수 없게
되어 이사를 해야만 했습니다.
노먼 베쑨은 아버지를 닮아 정의로운 성격을 가지고
있었습니다. 옳다고 생각하는 것은 아무리 어려운 일이
닥쳐도 절대 뜻을 굽히지 않았습니다. 에스파냐 내전에 의료
지원을 해 달라는 부탁을 받았을 때, 그는 이미 캐나다에서
실력 있는 외과 의사로 인정받고 있었습니다. 자신의 이익을
위해서라면 굳이 전쟁에 참여할 필요가 없었지만, 그는
의사로서 어떤 선택이 옳은 것인가를 생각했습니다. 의사는

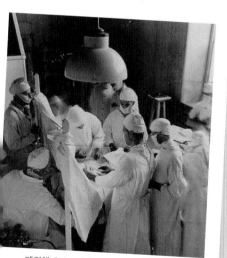

폐결핵에서 회복한 뒤, 1933년 몬트리올의 왕립
빅토리아 병원에서 수술을 하고 있는 노먼 베쑨

생명을 구하는 일에 그 누구보다 앞장서야 한다고 생각했기 때문에 보장된 미래를 포기하고 전쟁터로 달려갔던 것입니다.

### 넷 ▶ 창의력

노먼 베쑨은 어린 시절 사고뭉치였습니다. 그러나
어머니는 그가 하는 일을 막기보다는 할 수 있다고
힘을 주었습니다. 집 안의 가구를 제멋대로 옮길 때도
어머니는 베쑨의 의견을 존중해 주며, 노먼 베쑨이
고정 관념에 얽매이지 않고 자유로운 사고를 할 수 있게
도와주었습니다.

에스파냐 내전에서 노먼 베쑨이 운영한 이동 수혈대

노먼 베쑨의 창의력은 그가 의사가 되었을 때 빛을
발했습니다. 노먼 베쑨은 새로운 수술법을 찾아내고,
베쑨 늑골 절단기, 베쑨 기흉기 등 새로운 의료 기구들을
개발했습니다. 또한 전쟁에 참여해서 전쟁터에서 운영되는 세계
최초의 혈액 은행인 이동 수혈대를 만들었습니다. 이전에는
부상병들이 병원까지 수송되는 동안 피를 많이 흘려 죽는 경우가
많았습니다. 그러나 노먼 베쑨이 이동 수혈대를 만든 다음부터는
사망자 수를 대폭 줄일 수 있었습니다. 고정 관념에서 벗어난
그의 창의력이 수많은 사람의 생명까지 살리게 된 것입니다.

## who? 지식사전

### 중일 전쟁

중일 전쟁은 1937년 7월 7일 일본의 중국 침략으로 시작되어 1945년 제2차 세계
대전이 끝날 때까지 계속된 중국과 일본 사이의 전쟁입니다. 일본은 수십 년간
제국주의 정책을 펼쳤으며 중국을 지배하여 전쟁에 필요한 자원을 확보하려고
했습니다. 전쟁 동안 일본군은 중국인 1,200만 명을 죽이는 등 잔악한 행위를
저질렀습니다. 일본은 수백만 대군과 온갖 신식 병기를 동원했지만, 중국 국민들은
굴복하지 않았고 전쟁은 점차 길어졌습니다. 무려 8년 동안 계속된 이 전쟁은
일본이 패망하면서 끝이 났습니다.

난징에서 중국인을 학살한 일본군

# 2 의사를 꿈꾸는 사고뭉치

헨리의 아버지는 가난하고 불쌍한 노동자들을 착취하는 부자들을 매우 싫어했습니다.

밀린 월급 좀 주시면 안 될까요?

아이들이 먹을 게 없어서 굶고 있어요.

일하기 싫으면 관둬. 너희 말고도 일할 사람은 많아.

제발, 도와주세요!

으아앙!

제발······.

*목회: 목사가 설교하거나 신앙 생활을 지도하기 위해 공식적으로 하는 활동

베쑨의 아버지는 신념이 확고한 목사였습니다. 자신이 옳다고 생각하는 것은 아무리 어려운 일이 닥쳐도 절대 뜻을 굽히지 않았고, 이 때문에 생긴 마찰로 결국 베쑨의 가족은 다른 곳으로 이사를 가게 되었습니다.

따각

따각

엄마, 우리는 이사를 자주 다니는 것 같아요.

아빠의 강직한 성격 때문이니 어쩔 수 없지.

부자들에게 설교도 하고, 화나는 일이 있어도 좀 참으시면 되잖아요.

헨리, 세상과 타협하는 건 정직하지 못한 일이야.

난 오히려 아빠의 강직한 모습이 존경스러운걸?

저도 아빠를 존경해요.

호기심이 강했던 베쑨은 어려서부터 외과 의사의 자질을 보였습니다.

잡았다.

뭘 잡았어?

파리. 가만히 좀 있어라.

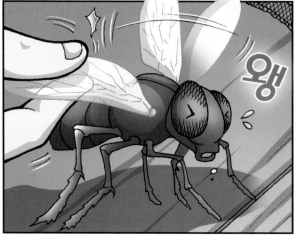

천천히 먹으렴,
체하겠어.

응?
이게 날개
뼈인가?

잘 먹었습니다!

엄마,
닭 뼈는 제가
버릴게요.

고맙구나,
헨리.

그러던 어느 날

이게 무슨 냄새지?

엄마, 이상한 냄새가 나요.

헨리 방에서 나는 것 같은데……

외과 의사가 되기로 결심한 베쑨은 '헨리' 대신 '노먼'이라는 이름을 쓰기로 했습니다.

완성이야.

베쑨은 어려운 가정 형편 때문에 고등학생 때부터 아르바이트를 했습니다.

정확해!

기자로 글을 쓰기도 하고, 선생님이 되어 아이들을 가르치기도 했습니다.

베쑨은 대학에 가서도 학비를 벌기 위해 일을 해야만 했습니다.

베쑨, 네가 공부에만 열중할 수 있도록 도움을 주지 못해서 미안하구나.

어머니, 미안해하지 마세요. 일하면서도 공부를 잘할 수 있어요.

기특한 녀석!

베쑨은 힘든 일을 하기도 했는데,
가난한 노동자들과 함께 일하면서 그들의
생활을 이해하게 되었습니다.

아가야,
그렇게 해서는
밤을 새워도 나무를
벨 수 없을 거야.

우리처럼
힘 좋은 사나이만 할
수 있는 일이지.

나무 베는 일은
아무나 하는 게
아니야.

흥, 저도
할 수 있어요.

말로는 누가
못하겠어, 하하하.

베쑨은 노동자들과 함께 일한 것을 자랑스럽게 생각하며 그들과 함께 찍은 사진을 오랫동안 간직했습니다.

*호외: 특별한 일이 생겼을 때 임시로 발행하는 신문이나 잡지

# 국경 없는 의사회

"의사들이여, 환자가 찾아오기를 기다리지 말고 먼저 환자를 찾아가라."
이것은 노먼 베쑨이 동료 의사들에게 전한 말입니다. 지금 이 순간에도 노먼 베쑨의 말처럼 환자를 직접 찾아가 도움을 주는 의사들이 있습니다. 그들은 바로 '국경 없는 의사회'입니다.

### 하나  어떤 계기로 만들어졌나요?

1968년 나이지리아에서 전쟁이 일어났을 때, 적십자 소속으로 자원봉사에 나섰던 프랑스 의사들은 전쟁의 참혹함에 큰 충격을 받았습니다. 치료를 받지 못해 죽어 가는 부상자들과 영양실조로 죽어 가는 수십만 명의 아이들을 보고 깊은 분노와 좌절감을 느끼고 돌아온 의사들은 보다 적극적으로 의료 봉사를 하기로 결심합니다. 그리하여 또 다른 인도주의 단체인 '프랑스 의료 원조'의 의사들과 힘을 합쳐 1971년에 국경 없는 의사회를 만들었습니다.

국경 없는 의사회는 전쟁과 기아가 있는 곳이라면 어디든지 달려가 의료 봉사를 펼치고 있습니다.
ⓒ rufai ajala

## who? 지식사전

### 인도주의

인간의 존엄성을 최고의 가치로 여기고 인종 · 민족 · 국가 · 종교 등에 상관없이 인류의 안녕과 복지를 꾀하는 것을 이상으로 하는 사상이나 태도를 말합니다. 모든 인간이 평등하다는 입장에서 사회적인 약자에게 구원의 손길을 내미는 운동으로 실천되고 있습니다.
한편 유엔(국제 연합)은 인도주의 활동가들의 숭고한 희생을 기리기 위해 2009년부터 8월 19일을 '세계 인도주의의 날(World Humanitarian Day)'로 정해 행사를 개최하고 있습니다. 우리나라에서는 2014년 처음으로 세계 인도주의의 날을 기념하는 캠페인이 진행되었답니다.

매년 8월 19일은 세계 인도주의 의 날입니다.

국경 없는 의사회라는 이름 그대로 국경과 인종을 초월하여
전쟁과 기아가 있는 곳이라면 어디든지 제일 먼저 달려가서
의료 봉사를 펼치고 있습니다.
창설 이듬해인 1972년 니카라과 지진 복구
현장에 첫 파견단을 보낸 것을 시작으로
체첸 · 보스니아 · 르완다 · 동티모르 · 앙골라 등 80여
개국에서 활동하고 있습니다.
국경 없는 의사회는 의료 봉사뿐만 아니라 그들이
봉사를 펼쳤던 곳의 위생과 건강까지 관리하는 활동도
함께하고 있습니다. 1990년 걸프전 때는 7개의 난민
캠프에서 7만여 명에게 구호 활동을 펼쳤고, 최초로
이라크 화학 무기 살포 현장을 폭로하기도 했습니다. 특히
1995년 10월에는 비정부 기구(NGO)로는 유일하게 북한에
들어가 당시 기근과 전염병으로 힘들어 하던 북한 주민들에게
의약품과 의료 장비 등을 지원했습니다.
국경 없는 의사회는 세계 곳곳에서 국경을 초월한 활동을 펼친
공로를 인정받아 1999년 노벨 평화상을 받았습니다.

국경 없는 의사회는 국경과 인종을 초월하여 의료 봉사를
펼치고 있습니다. ⓒ brett jordan

## 노벨 평화상

노벨상은 스웨덴의 화학자 알프레드 노벨의 유산을 기금으로 하여 1901년에 제정된
상입니다. 해마다 물리학 · 화학 · 생리 의학 · 경제학 · 문학 · 평화의 6개 부문에서 인류
문명의 발달에 공헌한 사람이나 단체를 선정하여 수여하고 있습니다. 그중 노벨 평화상은
국가 간의 우호, 군비 감축, 평화 교섭 등에 큰 공헌을 한 인물이나 단체에게 주어집니다.
노벨 평화상의 수상식은 다른 부문과 달리 노르웨이 오슬로에 있는 국회에서 열립니다.
우리나라에서도 노벨 평화상을 수상한 사람이 있습니다. 2000년, 김대중 대통령은 한국과
동아시아에서 민주주의와 인권을 위해 노력한 공을 인정받아 한국인 최초로 노벨 평화상을
수상했습니다.

노르웨이 오슬로에 있는 노벨 연구소
ⓒ Bjørn Erik Pedersen

셋   어떻게 운영되나요?

국경 없는 의사회는 국가 간 협정의 틀에 묶여 있는 국제 적십자사의 한계를 넘기 위해 어떤 정부나 이념 단체로부터도 도움을 받지 않고 있습니다. 전 세계 500만 명의 사람들로부터 기부금을 받아 필요한 자금의 약 70퍼센트를 의존하고, 유엔이나 유럽 연합(EU) 등 기관의 지원금으로 나머지를 충당하면서 전체 예산의 80퍼센트 이상을 구호 활동에 사용합니다.

국경 없는 의사회는 스위스 제네바에 본부를 두고 있으며, 전 세계 80여 개국에서 30,000명의 자원봉사자가 활동하고 있습니다. 현재 우리나라를 비롯한 미국, 독일, 에스파냐, 네덜란드, 스위스, 룩셈부르크, 일본 등 모두 29개 지부를 두고 있습니다.

차드의 난민 캠프에서 구호 활동 중인 국경 없는 의사회
© Mark Knobil

## who? 지식사전

### 도미니크 장 라레와 국경 없는 의사회

도미니크 장 라레

도미니크 장 라레(1766~1842년)는 국경 없는 의사회의 응급 구조에 기본이 되는 응급 의학을 처음으로 실행한 프랑스 의사입니다. 그는 1792년 프랑스 혁명기에 나폴레옹의 군대에서 활동했습니다. 전쟁터에서 부상병들이 응급 치료를 받지 못해 죽어 가는 것을 보고, 어떻게 하면 보다 효과적으로 그들을 치료할 수 있을까 고민했습니다. 그는 '나는 앰뷸런스'라고 이름 붙인 마차에 의료진과 도구를 싣고 직접 전쟁터로 가서 부상자를 병원으로 옮기는 동안 응급 처치를 할 수 있도록 했습니다.

또한 아군과 적군을 가리지 않고 부상자를 치료했습니다. 의사는 어떠한 차별 없이 환자를 치료해야 한다는 신념을 갖고 있었기 때문입니다. 이러한 그의 모습은 적대국의 병사들마저도 존경하게 만들었습니다. "상처가 왜 생겼는지는 중요하지 않다. 그것을 가려내는 것은 판사들이나 할 일이다. 의사는 오직 환자의 상처를 돌보는 데 최선을 다해야 한다."고 말한 도미니크 장 라레가 가진 의사로서의 신념은 국경 없는 의사회의 기본 정신으로 큰 가르침이 되고 있습니다.

넷  **참여하려면 어떻게 해야 하나요?**

국경 없는 의사회는 단체의 이름 때문에 의사들만 모인 곳이라고 생각하기 쉽지만, 꼭 의사만 참여하는 것은 아닙니다. 국경 없는 의사회에는 의사 외에도 간호사와 약사, 영양학 전문가, 변호사, 기계공 등 수많은 분야의 현장 활동가들이 함께하고 있습니다.

대체로 위험한 일을 하는 만큼 국경 없는 의사회의 자원봉사자가 되는 것은 매우 까다로운 조건을 통과해야 합니다.

참여 자격은 보통 전문직에서 최소 2년 이상 일한 경험이 있어야 하고, 필수는 아니지만 영어와 프랑스어를 구사할 줄 알면 더욱 좋습니다. 최소 6개월에서 12개월까지 중간에 돌아가는 일 없이 타지에서 일할 수 있어야 하고 무엇보다도 인도주의적 신념이 가장 필요합니다. 우리나라에도 2012년에 국경 없는 의사회의 한국 지부가 설립되어서 우리나라 사람들의 더욱 활발한 참여가 가능하게 되었습니다.

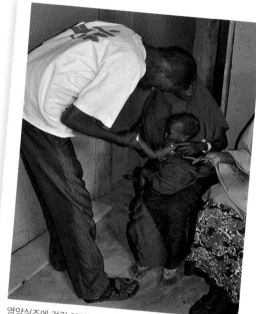

영양실조에 걸린 아이를 검사하고 있는 국경 없는 의사회의 자원봉사자 © DFID

노먼 베쑨과 도미니크 장 라레는 닮은 점이 많습니다.

노먼 베쑨도 도미니크 장 라레와 마찬가지로 전쟁터에서 활약했습니다. 특히 두 사람은 부상병들의 생명을 더 많이 살리기 위해 고민하고 창의적인 방법을 찾아냈습니다. 장 라레가 '나는 앰뷸런스'를 고안해 냈다면, 베쑨은 '이동 수혈대'를 만들어 냈습니다. 그리고 두 사람 모두 환자를 기다리는 것이 아니라 직접 찾아갔습니다. 의사로서의 신념에 대해서도 두 사람은 같은 생각을 갖고 있었습니다. 장 라레가 아군과 적군의 구별 없이 치료한 것처럼, 노먼 베쑨도 그러했습니다. 베쑨은 중국에서 활동할 당시 일본군 부상자들을 발견하거나 그들이 포로로 잡혀 오면 아무런 차별 없이 상처를 치료해 주었습니다.

도미니크 장 라레와 노먼 베쑨, 두 사람 모두 진정한 의사의 길을 걸었던 사람들입니다.

도미니크 장 라레의 동상 © Enguerrant

# 3 가난이라는 질병

1914년, 제1차 세계 대전이 발발하자 캐나다는 참전을 선언했고, 의과 대학을 다니던 베쑨은 곧바로 육군에 입대했습니다.

베쑨, 꼭 전쟁터에 나가야 하겠니?

일 년만 더 공부하면 의학 박사가 될 수 있잖니.

전쟁이 벌어지고 있는 상황에서 제 이익을 먼저 생각하는 것은 옳지 않다고 생각해요.

전쟁터는 그리
호락호락한 곳이
아니야.

자칫하면 생명을
잃을 수도 있는
위험한 곳이란다.

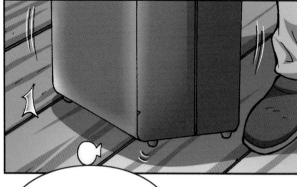

다치고 병든 사람들이
고통받고 있는데
어떻게 모른 척할 수
있겠어요.

다녀오겠습니다.

부디
몸조심하거라.

과연 누구를 위한
전쟁이란 말인가?

허헉!

으악!

다리에 부상을 입은 베쑨은 결국
캐나다로 돌아올 수밖에 없었습니다.

고국으로 돌아온 베쑨은 대학을 졸업하고 의학 박사 학위를 받았습니다.

우리 병원에서 함께 일해 보지 않겠나?

다른 사람들은 아직도 전쟁터에 남아 피를 흘리고 있는데 저만 편안하게 지낼 수는 없습니다.

베쑨은 다시 전쟁터로 향했지만, 얼마 뒤 독일이 항복해 전쟁은 끝이 났습니다.

승리를 위하여!

승리를 위하여~!

베쑨, 왜 그리 심각한 표정을 짓고 있어? 전쟁이 끝난 것이 기쁘지 않아?

동료들의 죽음이 쉽게 잊히지 않아.

어떻게 살아야 보람되고 행복한 건지 잘 모르겠어.

그래. 인생이란 참 부질없다는 생각이 들어.

즐기며 살기에도
짧은 인생이네.
고민하지 말고
즐기라고.

앞으로 무슨 일을
해야 할지 막막하군.

그래.
더 열심히 살아야겠지.
살아 있는 동안
더 많은 것을 경험하고
배워야겠어.

베쑨은 낮에는 병원에서 열심히 환자를
치료했습니다. 또 밤에는 의학 서적을
보며 공부를 계속했습니다.

아, 병원을 연 지 일 년이 되도록 손님이 늘지를 않네.

부자들은 모두 큰 병원으로 가고, 가난한 사람들은 돈이 없어서 아파도 병원에 오질 않으니 원.

똑
똑

들어오세요.

앗! 다리가!

아니, 이 지경이 되도록 왜 병원에 오지 않았던 겁니까?

돈이 없어서 오지 못했어요.

지금 당장 수술합시다!

수술이요?

하지만…….
수술비가 없어요.

조금이라도 늦으면 다리를 잘라 내야 해요. 그냥 두면 생명까지 위험하다고요.

생명이 돈보다 중요합니다. 수술비는 받지 않을 테니 걱정하지 마세요!

이 환자들의 병명은 가난이 아닐까?

베쑨이 살았던 시대에는 병으로 죽어 가는 사람들이 많았습니다. 가난하기 때문에 제대로 못 먹고 불결한 환경에서 지내다 보니 병에 걸릴 수밖에 없었습니다. 또 병에 걸려도 돈이 없어서 제때 치료를 받지 못했지요. 베쑨은 가난해서 치료를 받지 못하는 사람들을 보며 많은 생각을 하게 되었습니다.

다리가 다 나았어요. 이제 아프지 않아요.

다행입니다.

이게 뭐죠?

제가 가진 게 이것뿐이에요. 치료비 대신 받아 주세요.

괜찮습니다.

감사의 뜻이니 제발 받아 주세요.

이렇게 따뜻한 마음을 가진 사람들이 가난하다는 이유만으로 고통받아야 하다니!

베쑨은 밤낮을 가리지 않고 가난한 사람들을 정성껏 돌보며 치료해 주었습니다.

베쑨의 뛰어난 의술이 사람들에게 알려지자, 부자들도 그에게 치료를 받으러 찾아왔습니다.

병원을 부자 동네로 옮기는 것이 어떻겠나?

아닙니다. 이곳에 저를 필요로 하는 사람들이 더 많습니다.

자네 실력이면 부자들만 진료하고 편안한 생활을 할 수 있다네.

그건 옳지 않은 일입니다!

부자든 가난하든, 아픈 사람은 모두 치료하는 것이 의사의 사명입니다!

고집불통이군. 뭣 때문에 고생을 사서 하는지 원.

베쑨은 부자들에게서 번 돈을 무료 봉사하는 데 썼습니다. 하지만 가난하고 병든 사람들을 위해 밤낮없이 일하던 베쑨은 정작 자기 건강에 대해서는 신경 쓰지 못했습니다.

여보, 몸이 많이 야위었어요.

몸무게가 줄긴 했지만 괜찮아요.

며칠 쉬는 게 좋겠어요.

그럴 순 없소. 환자들이 나를 기다리고 있어요.

환자를 고치려면 당신이 먼저 건강해야지요.

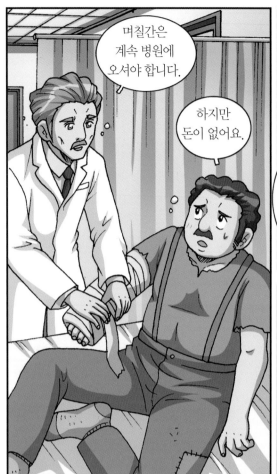

며칠간은 계속 병원에 오셔야 합니다.

하지만 돈이 없어요.

그런 걱정은 하지 마세요. 돈은 받지 않을 테니 꼭 오셔야 합니다.

감사합니다, 선생님.

수술이 잘되었군.

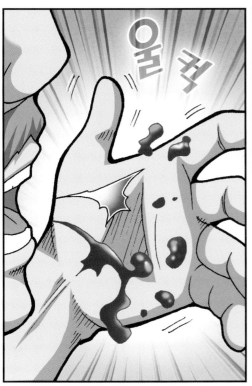

# 노먼 베쑨의 고향, 캐나다

### 하나   캐나다의 역사

노먼 베쑨이 태어난 캐나다는
북아메리카 최북단의 연방
국가입니다. 15세기 후반 탐험을
시작한 영국과 프랑스가 대서양
해안에 정착해, 캐나다는 영국과
프랑스의 식민지가 되었습니다.
1756년에서 1763년까지 벌어진
영국과 프랑스의 7년 전쟁에서
영국군이 퀘벡과 몬트리올을
점령하였고, 그 뒤 파리 조약을
통해 캐나다는 완전히 영국의

7년 전쟁 중 전사한 울프 장군을 그린
그림

1763년의 파리 조약

식민지 지배를 받게 되었습니다. 이후 1867년에 캐나다는
영국에서 벗어나게 되었고, 1951년 12월 정식 국명을
캐나다 자치령에서 캐나다로 변경했습니다. 캐나다라는
이름은 원주민인 휴런족의 언어로, '작은 마을'이라는 뜻의
'카나타(Kanata)'에서 유래한 것입니다.

### 둘   캐나다의 지리

캐나다는 전 세계 국가 중에서 국토 면적이 두 번째로 큰
나라로 약 200만 개의 호수가 있습니다. 동쪽에는 대서양,
서쪽에는 태평양, 북쪽으로는 북극해와 접해 있으며,
미국과의 국경은 나라 간 국경 중 세계에서 가장 깁니다.
국토의 북쪽 절반은 메마른 툰드라 지대이고, 실제로 사람이
살 수 있는 지역은 동서 약 6,000킬로미터에 걸쳐, 미국과의
국경에서 200~300킬로미터 사이에 있는 지역입니다.

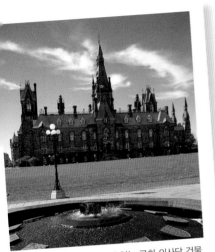

캐나다의 수도 오타와에 있는 국회 의사당 건물

나이아가라 폭포의 캐나다 쪽 말발굽 폭포

## 셋    캐나다의 음식 문화

캐나다는 프랑스와 영국의 지배를 받으면서,
다양한 인종의 이민자들로 구성된 사회이기 때문에
요리에서도 그 특색을 느낄 수 있습니다. 토론토나
몬트리올 같은 대도시에는 여러 나라 사람이 모여
살기 때문에 각국의 전통 음식을 즐길 수 있습니다.
요리의 천국이라고 불릴 만큼 캐나다에서는
프랑스, 이탈리아, 멕시코 요리 등은 물론이고,
중국, 일본, 한국 요리 등 동양 요리도 다양하게
만날 수 있습니다.

캐나다에서는 각국의 전통 음식을 즐길 수 있습니다.

또한 캐나다 요리는 지역마다 특성이 다양한데, 퀘벡을
비롯한 프랑스 어 사용 지역은 프랑스 요리의 특성이 많이
나타납니다. 반면 서쪽 지방의 요리는 독일과 우크라이나,
폴란드, 스칸디나비아의 영향이 많이 나타납니다. 밴쿠버,
빅토리아, 핼리팩스 등 해안가에 위치한 도시에서는 연어나
가재 등의 해산물 요리를 즐길 수 있으며, 캘거리를 중심으로
한 앨버타 주의 대평원에서는 소를 재료로 해서 만든
스테이크가 세계적으로 유명합니다.

메이플 시럽을 만들기 위해 원주민 여성이 수액을
채취하는 모습

# who? 지식사전

## 캐나다의 대표 요리, 메이플 시럽과 푸틴

메이플 시럽은 과거 캐나다 원주민들이 단풍나무 진액으로 만들어 먹던 것에서
유래했습니다. 대개 사탕단풍나무에 구멍을 내고 튜브를 꽂아 빼낸 수액을 끓여
만듭니다. 단맛이 강해서 우리나라에서는 주로 와플이나 핫케이크에 뿌려 먹는데,
칼로리가 높지 않아 다이어트에도 좋고 미네랄이 풍부해 건강에도 좋습니다.
캐나다의 전통 음식으로 꼽히는 푸틴은 퀘벡의 유명한 요리로, 감자를 주재료로
만든 프렌치프라이 요리입니다. 감자를 튀기고 그 위에 그레이비 소스와 치즈를
잔뜩 올려 먹습니다.

감자를 주재료로 만드는 푸틴
© Sjschen

프랑스어와 영어가 나란히 표시된
퀘벡주의 이중 언어 표지판

## 넷 ◁ 캐나다의 국기

캐나다의 국기는 빨강 바탕 가운데에
흰색 정사각형이 있고, 이 안에 붉은
단풍잎이 그려져 있습니다. 단풍잎
모양 때문에 흔히 '메이플 리프
플래그(Maple Leaf Flag, 단풍잎 기)'
라고 부르는데 양쪽의 빨간 부분은
태평양과 대서양을 의미합니다. 캐나다에는 단풍나무와
단풍나무 숲이 매우 많기 때문에 단풍잎은 오래전부터
캐나다와 캐나다 국민의 상징으로 여겨져 왔습니다. 사실
캐나다는 영국과 프랑스의 지배를 받았기 때문에 1965년
이전까지는 자신만의 독립적인 국기를 갖지 못했습니다.
그래서 이전까지는 빨강 바탕에 왼쪽 위에 영국의 국기가
있고, 오른쪽에 캐나다 각 주의 상징을 넣은 상선 깃발이
들어 있는 국기를 사용했습니다. 그러나 1964년 10월 22일
국회에서 현재의 국기가 채택되고, 다음 해인 1965년 2월
15일 영국 여왕인 엘리자베스 2세가 공포하면서 국기로
사용하게 되었습니다.

현재 캐나다 국기(상단)와 1965년 이전까지 사용했던
캐나다 국기(하단)

6·25 전쟁 당시 캐나다는 병사를 보내 대한민국을
지원했습니다.

## 다섯 ◁ 캐나다와 우리나라

캐나다는 1949년 4월 대한민국을 한반도의 유일한 합법
정부로 승인했고, 6·25 전쟁 때는 유엔군의 일원으로
참전해서 약 2만 7천 명의 병사를 보내 대한민국을
지원했습니다. 1963년에는 대한민국과 공식 수교를
맺었으며, 현재 우리나라의 중요 교역 대상국으로 활발한
교역을 벌이고 있습니다. 2023년 기준, 캐나다에는
우리나라 교민 약 24만 명이 있으며, 우리나라 학생들이
유학을 많이 가는 나라이기도 합니다.

## 여섯  캐나다에 대한 개괄적 정보

**위치:** 북아메리카 대륙 북부

**면적:** 9,970,670제곱킬로미터
　　　(세계 2위, 한반도의 약 45배)

**기후:** 온대성 대륙성(중부 내륙 지방),
　　　해양성(태평양 대서양 연안), 한대성(북극권)

**수도:** 오타와(Ottawa)

**인구:** 3,929만 명(2022년)

**주요 도시:** 토론토, 몬트리올, 밴쿠버, 오타와 등

**민족:** 영국계(21퍼센트), 프랑스계(16퍼센트),
　　　스코틀랜드계(15퍼센트), 아일랜드계(14퍼센트), 기타
　　　유색인종 이민계(25퍼센트)

**언어:** 공용어(영어 56퍼센트, 프랑스어 21퍼센트),
　　　기타(18퍼센트)

**종교:** 가톨릭 및 개신교(63.2퍼센트), 무교(26.3퍼센트,
　　　이슬람교 등(10.4퍼센트)

**정부 형태:** 의원 내각제

**화폐 단위:** 캐나다 달러(C$)

캐나다 토론토 시내의 야경 ⓒ Agunther

캐나다 사람들이 좋아하는 스포츠 아이스하키
ⓒ Nicholas Moreau

## who? 지식사전

### 식민지

식민지는 지리적으로 멀리 떨어져 있는 나라 혹은 도시의 지배를 받는 영토를 말합니다. 원래 식민지는 민족이나 국민의 일부가 오래 거주하던 땅을 버리고 새로운 곳으로 이주하여 건설한 사회를 뜻합니다. 그러나 차차 '외국에 종속되어 착취를 당하는 지역'이란 뜻으로 바뀌었습니다. 이주 식민지에서 착취 식민지로 식민지의 개념이 변한 것입니다.

고대에는 로마 제국이 번성하여 많은 식민지를 두었고, 근대에 와서는 에스파냐와 포르투갈로부터 시작된 식민지 경쟁이 네덜란드, 영국, 프랑스 등으로 확대되어 치열한 식민지 쟁탈전이 일어났습니다. 아시아, 아프리카, 오세아니아 등 세계의 많은 나라가 열강 제국에 의해 식민지 지배를 받게 된 것입니다. 제1차 세계 대전 이후에는 곳곳에서 식민지 지배에 반발하는 민족 해방 운동이 일어나 잇달아 독립을 쟁취했습니다. 우리나라도 일본에 35년간 식민지 지배를 받다가 1945년에 독립했습니다.

# 4 죽음을 극복하고

남편분은 폐결핵에 걸렸습니다.

폐결핵이요?

죄송합니다, 부인. 치료할 방법이 없습니다.

네?

열정적으로 가난한 환자들을 돌보았던 베쑨은 정작 자신의 건강은 돌보지 않다가 폐결핵에 걸리고 말았습니다. 그 당시에 폐결핵은 치료법이 없어서 고치기 힘든 병이었습니다.

왜 이리 기운이
없어요.

프란시스,
나와 이혼해
주시오.

그게 무슨 말이에요?
당신은 내 도움이
필요하다고요.

도움? 당신이
어떻게 날 돕겠다는
거지?

폐결핵을 치료라도
할 수 있단 말인가?

아…….

제발 날 괴롭히지
말고 떠나시오!

베쑨.

보고 싶지 않으니,
어서 나가시오!

정말
그게 당신의
진심인가요?

휙

물론이오.

미안해요,
프란시스. 당신을
더 이상 힘들게
하고 싶지 않소.

1926년, 베쑨은 건강이 더욱 나빠져
결국 트뤼도 요양소에 입원하게 됐습니다.

이대로 정말
죽는 것인가?

이렇게
죽을 수는 없어!
분명히 병을
고칠 방법이
있을 거야.

내가 왜?
내 나이는 이제
서른여섯 살밖에
안 됐단 말야!

베쑨은 요양소 자료실에 있는 폐결핵 수술에 관한
논문과 책을 찾기 시작했습니다. 폐결핵 관련 자료가
많지 않았지만 베쑨은 포기하지 않았습니다.

모든 의학 서적을
다 읽어서라도
치료법을 찾아내겠어!

베쑨은 몇 주일 동안 쉬지 않고, 찾을 수 있는
모든 자료를 읽었습니다. 그러던 중 폐결핵에 관한
새로운 수술법에 대해 알게 되었습니다.

이 책에 나와 있는
*인공 기흉술로
수술을 받겠어요.

그럴 수
없습니다.

그럴 수
없다니요?

그건 아직
검증되지 않은
치료법입니다.

나를 실험
대상으로 삼아
검증을 해 보면
되잖아요.

수술하다가
목숨을 잃을 수도
있습니다.

*인공 기흉술: 결핵이 발생한 한쪽 폐를 위축시키기 위해 흉부에 공기를 투입하는 수술

가만히 죽기만을 기다리는 것보단 나을 것이오.

당신의 주치의로서 확신할 수 없는 수술을 할 수는 없습니다.

그건 당신의 보수적인 편견과 무지 때문이오!

뭐라고요? 저도 이 방법에 대해 잘 알고 있습니다.

제발 수술을 해 주십시오. 이대로 죽고 싶지는 않아요!

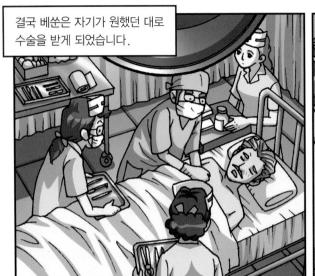

결국 베쑨은 자기가 원했던 대로
수술을 받게 되었습니다.

베쑨 씨,
깨어나셨군요.

수술은
어떻게 됐나요?

수술은
성공적이었습니다.
이제 상태를
지켜봅시다.

새로운 방법으로 수술을
하고 치료를 받은 베쑨은
차츰 건강이 회복되어
가는 것을 느꼈습니다.

당신 말이
옳았어요.

네?

검사 결과
당신은 이제 정상입니다.
퇴원하셔도 좋아요.

그게
정말입니까?

다시 건강한
몸을 갖게 될 줄이야.
하나님, 감사합니다.

베쑨은 기적적으로 다시 살아나게 된 것입니다.
새로운 힘이 생기고 희망이 커져 가는 것을
느낀 베쑨은 아내 프란시스에게 달려갔습니다.

죽음의 위기를 벗어나 다시 제자리로 돌아온 베쑨은 결핵에 대한 연구에 온 힘을 쏟았습니다. 1929년 베쑨은 캐나다 몬트리올 왕립 빅토리아 병원에서 일하게 되었습니다.

이번엔 또 무얼 개발 중인가?

늑골 절단기를 만들려고 해.

그건 구두 수선공이 못을 자를 때 쓰는 도구 아닌가?

맞아. 이걸 이용해서 만들어 볼 생각이야.

오, 그거 아주 괜찮은 생각인걸?

베쑨,
고마워.

뭐가 고맙단
말인가?

자네가 만든
늑골 절단기와 늑골 견인기
덕분에 수술이 편해졌어.

수술도 잘되고,
수술 시간도
짧아졌다네.

그뿐이 아니야.
자네가 발명한 기계 팔
덕분에 간호사 한 명의
일손도 덜게 됐어.

그거
잘된 일이군.

의학 연구에 매진한 베쑨은
'베쑨 흉막 분말 처리법'이라는
새로운 수술법과 '베쑨 늑골 절단기',
'베쑨 기흉기' 등의 효과적인
수술 도구도 개발했습니다.

퀘벡 지역에 특히 결핵 환자들이 많군.

병원이나 요양소에서 다 감당하지 못할 정도로 많지.

무슨 이유 때문이지?

아무래도 생활 수준이 낮다 보니 그런 게 아니겠나?

역시 가난 때문인가?

당시는 대공황으로 인해 세계 경제가 침체에 빠져 있었습니다. 파산하는 회사가 늘어났고 사람들은 일자리를 구하지 못해 힘들게 생활했습니다.

1935년, 베쑨은 국제 생리학 회의에 참석하기 위해 러시아를 방문했습니다.

베쑨은 러시아의 의료 제도에 관심을 갖게 되었습니다.

병원과 요양소 시설이 정말 좋군요.

이곳에도 결핵 환자들이 많습니까?

지난 18년 사이에 러시아의 결핵 발병률은 절반으로 줄었습니다.

그래요? 놀랍군요.

러시아는 진료소와 요양소의 모든 치료비가 무료입니다. 나라에서 지원하고 있죠.

그래. 바로 이거야!

캐나다로 돌아온 베쑨은 공산당원이 되기로 결심했습니다.

왜 공산당원이 되려는 거야?

*사회주의의 의료 체제가 마음에 들었거든.

공산주의 사상은 옳지 않아. 우리가 추구해야 할 것은 민주주의라고.

나는 사상 따위는 관심이 없어.

단지 공산당의 의료 제도가 필요하다고 생각하는 것뿐이야.

*사회주의: 사유 재산 제도를 폐지하고 생산 수단을 사회화하여 자본주의 제도의 모순을 극복한 사회 제도를
실현하려는 사상 또는 그 운동. 공산주의, 무정부주의, 사회 민주주의를 포함하는 넓은 개념이다.

열심히 일한 사람이
돈을 많이 벌고 잘사는 것은
당연한 일이야.

그것이 바로
민주주의고
자본주의지.

하지만 가난하다고
병이 들어도 치료를
못 받는다면 그건 건강한
사회가 될 수 없어.

끄응,
그렇긴 하지.

캐나다도 러시아처럼
정부가 국민들의 건강을
책임질 의료법이 필요해!

환자들에게 당장
치료비를 낼 돈이
있느냐고 묻지
마십시오.

대신 우리가
어떻게 도울 수
있는지 물어야
합니다!

1936년 7월, 베쑨은 '몬트리올 국민 보건 그룹 선언문'을
발표했습니다. 이 선언문에는 국민의 건강을 나라가
책임져야 한다는 주장을 담고 있었습니다.

1936년에 발생한 에스파냐 내전은 총선에서 승리한 제2공화국에 대항해 프랑코 장군이 일으킨 반란으로 시작되었습니다.

베쑨 선생께
부탁이 있어
찾아왔습니다.

에스파냐에 의료진을
파견하려고 하는데
선생님께서도 함께
가 주셨으면 합니다.

무슨
부탁이죠?

저보고
전쟁터에 가란
말씀입니까?

에스파냐에서는
의사가 부족해 병사들이
치료도 못 받고
죽어 가고 있습니다.

그동안 결핵 퇴치를 위해 열심히 일했는데, 완전히 매듭을 짓지 못한 상태에서 떠나야 할까?

힘들게 얻은 직함과 보장된 미래를 다 포기하고 언제 죽을지 모르는 전쟁터로 가란 말인가?

흉부외과 과장

하지만 나는 의사가 아닌가?

의사라면 생명을 구하기 위해 그 누구보다 힘써야 하지 않겠는가?

그래, 전쟁터로 가자. 사람을 죽이러 가는 것이 아니라 살리기 위해 가는 거야!

# 세계의 훌륭한 의사들

### 하나  히포크라테스

히포크라테스(B.C. 460?~B.C. 377?)는 '의학의 아버지'로
불리는 고대 그리스의 의사입니다. 기원전 460년경 에게해
남동쪽의 코스섬에서 태어난 그는 아버지로부터 의학에 대한
전문 지식을 배웠고, 소아시아 · 그리스 · 이집트를 여행하며
견문을 넓혔습니다.
'병을 낫게 하는 것은 자연이다.'라는 치료 원칙을 바탕으로
의학교를 세웠으며 의학책을 저술하기도 했습니다.
히포크라테스는 의사에게 중요한 것은 의료 기술뿐만 아니라
윤리라고 생각했습니다. 이런 생각이 기초가 된 '히포크라테스
선서'는 그가 전하는 의료의 윤리적 지침입니다. 오늘날 세계
각국의 의과 대학 졸업생들은 이 선서를 통해 의사로서의
본분을 다짐하는 것이 일종의 관례처럼 되어 있습니다.

의학의 아버지, 히포크라테스

## who? 지식사전

히포크라테스 선서. 12세기 비잔
틴의 사본입니다.

### 히포크라테스 선서

이제 의업에 종사할 허락을 받음에 나의 생애를 인류 봉사에 바칠 것을 엄숙히 서약하노라.

나의 은사에 대하여 존경과 감사를 드리겠노라.

나의 양심과 위엄으로써 의술을 베풀겠노라.

나는 환자의 건강과 생명을 첫째로 생각하겠노라.

나는 환자가 알려 준 모든 내정의 비밀을 지키겠노라.

나는 의업의 고귀한 전통과 명예를 유지하겠노라.

나는 인종, 종교, 국적, 정당 정파 또는 사회적 지위 여하를 초월하여 오직 환자에 대한
나의 의무를 지키겠노라.

나는 동업자를 형제처럼 여기겠노라.

나는 인간의 생명을 수태된 때로부터 지상의 것으로 존중하겠노라.

나는 비록 위협을 당할지라도 나의 지식을 인도에 어긋나게 쓰지 않겠노라.

이상의 서약을 나는 나의 자유의사로 나의 명예를 받들어 하노라.

## 둘    에드워드 제너

에드워드 제너(1749~1823년)는 우두법을 발견한 영국의
의사입니다. 영국의 글로스터셔주에서 목사의 아들로 태어난
그는 1770년부터 2년 동안 런던 대학 세인트조지스 병원의
유명한 외과 의사인 존 헌터 밑에서 의학을 배웠습니다.
우연히 소젖 짜는 일을 하는 여자들이 소가 앓는 천연두에
한 번 걸리고 나면 사람이 앓는 천연두에는 걸리지
않는다는 것을 알게 되었습니다. 그래서 이러한 사실을
의학에 응용하여 우두농(소의 고름)을 여덟 살 소년의 팔에
접종하고 관찰했습니다. 얼마 뒤 소년은 우두 증세를 보이며
앓아누웠지만 곧 회복되었고, 제너가 소년에게 다시
사람의 천연두를 주입하자 이번에는 아무런 증세를 보이지
않았습니다.
이를 토대로 제너는 우두에 천연두를 예방하는 효과가 있음을
확신하였고, 수차례에 걸친 실험을 통하여 우두 접종의
효과를 검증했습니다. 우두법은 유럽과 미국 등으로 퍼져
나가 천연두로 인한 사망자를 줄이는 데 크게 공헌했습니다.

우두법을 발견한 에드워드 제너

제너의 우두 접종에 대한 당시 사람들의 공포를
풍자한 그림

## 천연두

'두창' 또는 '마마'라고도 불리는 이 병은, 천연두 바이러스에 의해 일어나는 악성
전염병을 말합니다. 천연두는 기원전 3000년경의 것으로 보이는 고대 이집트의
미라에서 그 흔적을 발견할 수 있을 정도로 오랜 역사를 가진 질병입니다.
천연두에 걸리면 고열과 함께 얼굴과 손발을 비롯한 온몸에 물집이 잡힙니다. 차차
시간이 지나면서 물집에는 고름이 차고 결국 딱지가 앉았다가 떨어지면서 흔히
'곰보 자국'이라고 부르는 흉터가 남게 됩니다. 사망률이 매우 높고 전염성이 대단히
강하여, 한때 전 세계 전체 사망 원인의 10퍼센트를 차지하기도 했습니다. 19세기
이후 영국 의사 에드워드 제너가 만든 치료법이 알려지면서 천연두로 인한 사망자가
줄어들었습니다. 1967년 이후 세계 보건 기구(WHO)에 의해 추진된 천연두 근절 계획의
실천으로 1980년에 이르러서는 천연두가 완전히 사라지게 됩니다.

천연두 환자의 모습(1912년)

셋 **알베르트 슈바이처**

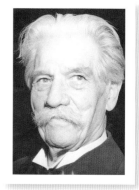

알베르트 슈바이처
© Bundesarchiv

슈바이처(1875~1965년)는 프랑스의 의사이자 음악가, 철학자, 목사입니다. 슈바이처는 자라면서 성경을 통해 사랑과 희생을 배웠고, 주변의 가난한 농부들을 보며 그들의 삶에 관심을 갖게 되었습니다. 슈바이처는 대학에서 신학과 철학을 공부했습니다.

그는 의사와 선교사로 활동하기 이전에 세계적으로 인정받는 신학자였고 파이프 오르간을 연주하고 바흐에 관한 책을 쓸 정도로 음악에도 조예가 깊었습니다. 그가 의사가 되기로 결심한 것은 프랑스 선교단으로부터 아프리카의 흑인들이 의사가 없어 고통받고 있다는 소식을 듣게 되면서부터입니다. 슈바이처는 대학에 다시 입학하여 의학을 공부해서 1913년 의학 박사 학위를 받고, 오늘날 가봉 공화국인 프랑스령 적도 아프리카의 랑바레네로 의료

슈바이처가 목회자로 활동했던 스트라스부르의 성 니콜라스 교회 © Hans-Peter Scholz

봉사를 떠났습니다. 그는 병원을 세우고 봉사를 시작했으며, 저술과 강연, 오르간 연주 등으로 돈을 마련해 병원을 운영했습니다.

제1차 세계 대전 때는 전쟁 포로로 프랑스의 수용소에 감금되기도 했습니다. 전쟁이 끝나고 알자스가 프랑스의 영토로 편입되자 슈바이처는 의료 봉사에 편리하도록 아예 국적을 프랑스로 바꿨습니다. 그 뒤 다시 아프리카로 돌아가서 병원을 다시 세우고 의료 봉사와 선교 활동에 전념했습니다. 1952년에는 그동안의 봉사와 희생정신을 인정받아 노벨 평화상을 수상하였고, 노벨상 상금으로 나환자촌을 세웠습니다. 슈바이처는 지금까지도 전 세계인의 가슴에 인류에 대한 사랑을 실천한 아프리카의 성자로 기억되고 있습니다.

독일 바이마르에 있는 슈바이처 박물관
© Bundesarchiv

넷    장기려

장기려(1911~1995년)는 1911년 평안북도 용천에서
태어났습니다. 외과 의사였던 장기려는 1943년 당시로써는
불가능하다고 여겨졌던 간암 수술을 우리나라 최초로
성공했는데, 그것은 일본 의학계에서도 성공하지 못했던
것이었습니다. 6·25 전쟁 중 국군은 외과 의사로 부상병들을
치료하고 있던 장기려를 남쪽으로 데려왔고, 그때 장기려와
그의 가족들은 생이별을 겪어야 했습니다. 부산으로 온
장기려는 천막을 치고 무료 진료소 '복음병원'을 세워
의료 봉사를 했습니다. 병원 규모가 커지면서 무료 진료가
불가능하게 되자 장기려는 '건강할 때 이웃 돕고, 병났을
때 도움받자'라는 표어 아래, '청십자 의료 보험 조합'을
만들었습니다. 청십자 의료 보험 조합은 북유럽의 의료
보험 제도를 본뜬 것으로 한국 의료 보험 제도의 모태가
되었습니다.

한국의 슈바이처로 불리는 의사 장기려

1959년에 장기려는 간암 환자의 간을 70퍼센트 정도 절제해
내는 대량 간 절제 수술에 성공했습니다. 이 수술은 우리나라
의학계의 역사적인 사건이었습니다.
장기려는 우리나라 의학계에 큰 업적을 남긴 훌륭한 의사이자,
평생을 가난하고 소외된 사람들을 위해 박애와 봉사 정신으로
인술을 펼친 한국의 슈바이처로 칭송받고 있습니다.

장기려 박사는 평생
어려운 사람들을 도우며
자기 자신은 재산을
모으지 않았다고 해요.

## who? 지식사전

### 청십자 의료 보험 조합

청십자 의료 보험 조합은 한국 최초의 의료 보험 조합입니다. 전쟁으로 인해 먹고살기 힘들던 시절, 장기려 박사는 가난한
사람들에게 의료 혜택을 주겠다는 신념으로 1968년 5월에 청십자 의료 보험 조합을 만들었습니다. 의술을 통한 사회봉사를
사회 제도적 차원에서 마련한 것입니다. '건강할 때 이웃 돕고, 병났을 때 도움받자'라는 슬로건으로 출발한 청십자 의료 보험
조합의 정신은 20년 뒤인 1989년 전 국민 의료 보험 제도로 실현되었습니다.

# 5 전쟁터의 의사

1936년, 베쑨은 의료 지원단을
이끌고 에스파냐로 향했습니다.

저희를 돕기 위해
먼 곳까지 와 주셔서
감사합니다.

먼저 부상 병동을
살펴보고 싶습니다.

네. 이쪽으로
오시지요.

최근 상황은
어떻습니까?

전투가 치열해지면서
부상병이 늘어나고
있습니다.

어서 다른 병사들에게 수혈을 해 주세요.

!

알겠소.

이보게.

이 부상병도 이미 죽었어!

베쑨은 당장 에스파냐 부대 정치 사령관을 찾아갔습니다.

이동 수혈대라……

베쑨 선생께서 전장에 직접 가는 것은 너무 위험한 일입니다.

병사들은 죽음을 무릅쓰고 싸우는데 의사들이 자신의 안전만을 생각해서 되겠습니까?

흠……

한번 요청해 보겠습니다.

감사합니다.
전 그럼 준비를
하겠습니다.

베쑨 선생,
허락을 받은
후에……

한 명의
목숨이라도
더 구하려면
서둘러야 합니다!

꽝

허…….

저 의사는
다른 의사들과
좀 다른 것
같군…….

우리는 전투가 벌어지는 곳이면 어디든지 달려가 부상병에게 수혈을 할 것입니다.

네!

모든 준비는 끝났는데 혈액이 부족하군.

장군님, 혈액이 없으면 준비한 모든 것이 아무 소용없습니다.

이미 신문과 라디오를 통해 마드리드 시민에게 헌혈에 참여해 줄 것을 요청해 놓았소.

하지만 큰 기대는 하지 않는 것이 좋을 것이오.

무슨 말씀이십니까?

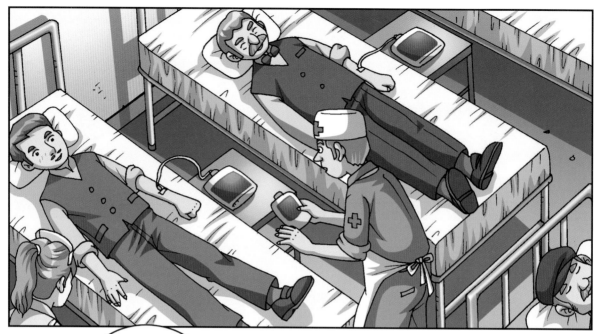

혈액을 담을 병이 부족합니다. 모두 돌아가 주십시오!

감사합니다. 오늘 여러분의 단합된 모습을 절대 잊지 않도록 하겠습니다.

여러분의 피가 전쟁터에서 죽어 가는 병사를 살릴 것입니다.

저도 우리 병사들에게 보탬이 되고 싶어요.

병을 더 준비해 주세요.

혈액이 준비되자 이동 수혈대는 전쟁터로 향했습니다. 베쑨은 육군 대령 계급장을 달고 수혈 부대를 이끌었습니다.

절대 물러나선 안 된다!

무슨 수를 써서라도 전선을 지켜 내야 해!

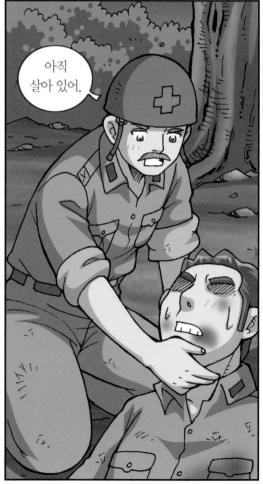

열일곱,
열여덟밖에 안 돼
보이는데 전쟁터에
나오다니······.

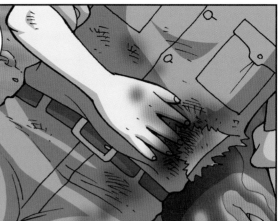

상처는 깊지 않은데
피를 많이 흘렸군.

찌이익

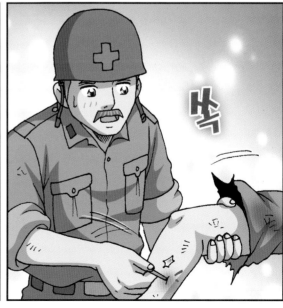

뚝

드디어 깨어났군.

으...

고,
고맙습니다·······.

감사합니다,
대령님.

응?

대령님의 이동 수혈대가
없었다면 저들 대부분은
죽었을 겁니다.

도움이
되었다니
다행이군.

죽음 직전의
부상병들을
살려 낸 것은
전투의 승리보다
더 값진 승리라고
생각합니다.

베쑨은 전장에서 직접 수혈하는 방식을 개발하여 자동차에 이동 수혈대를 장착했고, 이를 이용해 부상자 사망률을 75퍼센트까지 낮출 수 있었습니다.

# 세계 평화를 위해 노력하는 단체

### 하나   국제 연합(UN)

국제 연합은 세계 평화의 유지와 인류 복지 향상을 목적으로
만들어진 국제기구입니다. 설립 목적은 국제적 안보 공조,
경제 개발 협력 증진, 인권 개선 등을 통해 세계 평화를
유지하는 데 있습니다. 주요 활동 내용은 평화 유지, 군비
축소, 국제 협력 등이고 주요 기구로는 총회, 안전 보장
이사회, 경제 사회 이사회, 신탁 통치 이사회, 국제 사법
재판소 등이 있습니다.

국제 연합은 제2차 세계 대전 직후인 1945년 10월 24일에
만들어졌으며, 국제 연맹과는 달리 군사력을 동원할 수
있는 힘이 있습니다. 국제 연합은 보통 '유엔(UN : United
Nations)'이라고 부르는데, 이는 미국의 제32대 대통령
루스벨트가 고안한 것입니다. 제2차 세계 대전 중인
1942년에 26개국 대표가 모여 전쟁을 일으킨 나라들과
끝까지 싸울 것을 결의했던 '연합국 선언'에서 이 이름이
처음 사용되었습니다. 현재 대부분의 국가가 국제 연합의
회원국이며, 본부는 미국의 뉴욕에 있습니다.

미국 뉴욕에 있는 유엔 본부 ⓒ Steve Cadman

## who? 지식사전

제8대 유엔 사무총장 반기문
ⓒ Gobierno de Chile

### 우리나라 최초의 유엔 사무총장, 반기문

유엔 사무국의 사무총장은 유엔의 지도자 역할을 맡아 국제 연합을 대표하는 대변인에
해당합니다. 사무총장이라는 직위는 세계 최고의 외교관이자 중재자로서 국제 사회의 분쟁을
조율하고, 동시에 회원국 간의 국가적 합의를 이루도록 협조하는 데 있습니다. 2007년에는
대한민국의 반기문(1944년~ )이 유엔사무총장으로 취임하였습니다. 사무총장은 5년 기한으로
10년까지 연임할 수 있는데, 반기문은 2011년에 유엔 총회의 만장일치로 임기가 5년 더
연장되어 2016년까지 유엔 사무총장으로서 역할을 했습니다.

## 둘  유니세프(UNICEF, 국제 연합 아동 기금)

유니세프는 도움이 필요한 전 세계의 어린이들을 위해 구호 활동을 펼치는 국제기구로 1946년 12월 유엔 총회의 결의에 따라 전쟁 피해 아동과 청소년들의 구호를 위해 설립되었습니다. 원래 이름은 '국제 연합 국제 아동 긴급 구호 기금(United Nations International Children's Emergency Fund)'이었으며, 1953년 현재의 명칭으로 바뀌었지만 UNICEF라는 약칭은 그대로 쓰고 있습니다.

유니세프는 국적과 인종, 이념, 종교, 성별 등과 상관없이 '차별 없는 구호 정신'을 바탕으로 전 세계 개발 도상국 어린이를 지원하고 있습니다. 주요 활동으로는 긴급 구호, 영양, 예방 접종, 식수 문제 및 환경 개선, 기초 교육, 모유 수유 권장 등이 있습니다. 전 세계 33개국에 국가 위원회를 두고 있으며, 국가 위원회는 어린이를 돕기 위한 기금을 모아 유니세프 본부를 지원하고 있습니다. 유니세프는 어린이의 생활 개선에 기여한 공로가 인정되어 1965년 노벨 평화상을 받았습니다. 본부는 미국 뉴욕과 스위스 제네바에 있습니다.

이노첸티 리서치 센터. 이탈리아 플로렌스에 있는 유니세프의 조사 · 연구 기관입니다. © Warburg

유니세프의 기

## 유니세프와 우리나라

유니세프는 1948년부터 우리나라 어린이를 지원해 왔으며, 1950년 3월 25일 대한민국 정부와 기본 협정을 체결함으로써 한국에서의 활동을 공식적으로 시작했습니다. 6 · 25 전쟁이 발발하자 유니세프는 고통받는 우리 어린이들을 위해 대대적인 긴급 구호 활동을 펼쳤습니다. 1950년부터 1993년까지 유니세프가 한국에 지원한 총 금액만 약 2,300만 달러에 달합니다. 1994년 1월에는 마침내 한국에 유니세프의 한국 위원회가 설립되었습니다. 우리나라는 유니세프에서 도움을 받던 나라에서 도움을 주는 나라로 발전한 첫 번째 사례였습니다. 현재 유니세프 한국 위원회는 33개 유니세프 위원회 중 개발 도상국에 대한 지원금이 10위권에 이를 만큼 성장했습니다.

### 셋   유엔 난민 기구(UNHCR)

유엔 난민 기구는 세계 난민 문제를 해결하기 위해 만들어진 유엔의 전문 기구로서 '유엔 난민 고등 판무관 사무소'라고 불리기도 합니다.

이 기구는 1951년부터 활동을 시작했으며, 난민의 권리와 복지를 보호하는 데 주요 목표를 두고 있습니다.

유엔 난민 기구의 본부는 스위스 제네바에 위치하고 있으며, 약 120개국에서 근무하는 직원들이 약 3,500만 명에 달하는 난민과 보호 대상자를 돕고 있습니다.

현재 지구촌 곳곳에는 수많은 난민들이 존재합니다. 갑작스러운 분쟁과 전쟁 혹은 대형 지진과 같은 천재지변으로 수십만 명의 주민들이 고향을 떠날 수밖에 없는 상황에 처해 있답니다.

이러한 난민들을 돕기 위한 기구가 유엔 난민 기구이며, 누구나 유엔 난민 기구에 도움을 요청할 수 있습니다. 여러 가지 방법으로 난민이 다른 나라에서 안전한 피난처를 보장받을 수 있도록 앞장서고 있으며, 안전하게 고국으로 돌아갈 때까지 필요한 음식이나 깨끗한 물, 기본적인 의료와 교육의 권리 등을 보장받을 수 있도록 힘쓰고 있습니다.

유엔 난민 기구의 로고

유엔 난민 기구와 케어(CARE International)가 함께 케냐 난민들에게 구호품을 전달하고 있습니다.

또한 유엔 난민 기구는 덴마크 코펜하겐과 아랍 에미리트 연방 두바이에 비상 식품과 원조 물품 등을 보관하는 긴급 저장소를 마련해 두고 있습니다.

혹시나 긴급 상황에 대한 통보를 받는 즉시 구호 물품이 세계 어디로든 신속하게 배치될 수 있도록 대기하고 있답니다.

유엔 난민 기구의 위기 상황 대응 능력은 최대 50만 명의 난민을 보호할 수 있고, 72시간 이내에 전문적으로 훈련된 인력 300명 이상을 동원할 수 있는 수준이라고 합니다.

유엔 난민 기구는 난민 보호의 공로를 인정받아 1954년과 1981년 두 차례 노벨 평화상을 받았습니다.

### 넷　월드비전(World Vision)

월드비전은 6 · 25 전쟁의 폐허 속에서 한국의
어린이를 구호하기 위해 탄생한 민간 구호
단체입니다. 미국인 밥 피어스 목사는 전쟁으로
거리에서 죽어 가는 수많은 어린이를 보면서,
그 생명을 살릴 수 있는 전문 구호 기관을
만들어야겠다고 결심했습니다. 밥 피어스 목사는
한경직 목사와 함께 한국의 전쟁고아들과 남편을
잃은 부인들을 돕기 시작했습니다.

재해 지역에서 구조 활동을 펼치고 있는 월드비전 대원들

그 뒤 월드비전은 전 세계 어린이를 돕기 위해 아시아
이외의 다른 대륙으로 구호 활동 지역을 넓혔고 규모도 커지게
되었습니다. 월드비전은 현재 전 세계 대규모 재난 현장에서
유엔과 그 산하 기구들과 공동으로 국제 구호 개발 활동에서
주도적인 역할을 하고 있습니다.

월드비전은 고통받고 있는 어린이의 삶을 변화시키려면 지역
사회의 발전이 선행되어야 한다고 판단했습니다. 그래서 단순한
후원이 아닌 지역 개발 사업을 통해 어린이를 돕도록 지원
형태를 바꾸어서 어린이들이 인간다운 삶을 살아갈 수 있도록
한 마을의 환경, 교육, 경제 활동 등을 근본적으로 변화시키고
있습니다.

대한예수교 장로회의 한경직 목사

## who? 지식사전

### 난민

박해, 전쟁, 테러, 극도의 빈곤, 기근, 자연재해를 피해 다른 나라로 탈출한 사람을
말합니다. 난민들은 대부분 안전을 위협받는 상황에 부닥치게 됩니다. 다른 나라의
국경을 넘는 것은 허가를 받아야 가능한 일이고, 만약 어렵게 피난처를 찾았다고
해도 차별과 착취를 당할 가능성이 큽니다. 유엔 난민 기구는 전 세계 여러 나라와
협조하여 난민이 안전하게 보호받을 수 있도록 조치를 취하고 있습니다.

아프리카는 잦은 내전으로 난민 문제가 심
각합니다.

# 6 중국으로 가다

베쑨이 에스파냐를 떠나 캐나다로 돌아왔을 때, 캐나다 사람들은 훌륭한 일을 해낸 베쑨에게 큰 박수와 환호를 보냈습니다.

당신이야말로 진정한 의사입니다!

베쑨, 당신의 용기에 박수를 보냅니다.

베쑨! 베쑨!

에스파냐는 전쟁으로 인해 폐허가 되었습니다.

수많은 어린이가 고아가 되어 갈 곳을 잃고 방황하고 있습니다.

베쑨은 7개월간 캐나다 각지를 돌면서 전쟁의 끔찍한 현실을 알리고 도움을 요청하는 모금 운동을 펼쳤습니다.

1938년, 베쑨은 전쟁 중인
중국 의료 봉사대에 자원합니다.

꼬마야, 괜찮니?

네.

베쑨 선생, 안전한 곳에서
환자를 돌보도록 하십시오.
밖으로 나오는 것은 위험합니다.

내 안전을
생각했다면 이곳에
오지도 않았소.

허어……

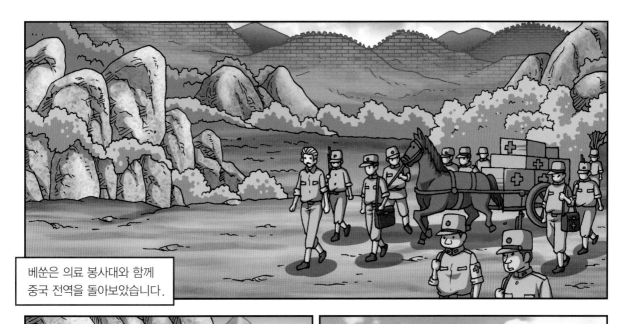

베쑨은 의료 봉사대와 함께
중국 전역을 돌아보았습니다.

참으로
아름다운 곳인데,
전쟁에 휩싸이다니
안타깝구나.

부상병들은
어디에 있소?

부상 병동이
따로 없기 때문에
집집마다 몇 명씩
환자가
있습니다.

식량이 없어서
죽만 끓여 먹다 보니
대부분 영양실조와
빈혈 증세에 시달리고
있습니다.

부상병의 몸에는 이가
득실거리고, 군복은
누더기 꼴이야.

이럴 수가 있나?

상처 부위를 감싼 붕대가 마치 걸레 같잖아.

어서 소독을 해 줘야겠어.

꿈틀

꿈틀

헉

부상병을 이렇게 방치하다니 제정신이오?

죄송합니다.

의사나 간호사가 없으니 어쩔 수가 없었습니다.

이곳 병사 중에 의료 지식을 가진 사람이 단 한 명도 없단 말입니까?

네. 의료 요원을 교육하는 기관이 한 군데도 없으니까요.

으, 이럴 수가……

의사와 간호사뿐만 아니라 의료 장비마저도 서양의 도움에 의존할 수밖에 없는 상황이잖아.

베쑨은 하루에 18시간을 일했습니다.
쉴 틈 없이 환자를 돌보느라 면도하는
것조차 잊어버릴 정도였습니다.

새로운
부상자들이
도착했습니다.

위급한
환자들부터
수술하도록
하지.

수술은 잘 끝났으니
이제 상처 부위만
꿰매면 되겠군.

응? 이건 수술용
실이 아니잖아.

수술용 실은
다 떨어졌습니다.

이런……

자, 다음에 수술할 부상병은 어디에 있나?

저, 선생님……

무슨 일인가?

가져온 마취제가 다 떨어졌습니다.

허, 마취제가 없다면 환자가 너무 고통스러울 텐데……

아! 의료 환경이 너무 열악하구나……

이 문제를 해결하지 않고서는 치료하는 게 큰 의미가 없어.

그러던 중 베쑨은 중국 내에서 가장 뛰어난 전략가 중의 한 사람인 섭영진 장군을 만나게 되었습니다.

베쑨 선생, 당신의 도움에 크게 감사하고 있습니다.

장군님, 부탁드릴 게 있어 왔습니다.

말씀해 보십시오. 최대한 협조 하겠습니다.

시범 병원을 세우고 싶습니다.

시범 병원이요?

부상자들을 제대로 치료할 수 있는 병원을 만들고 싶습니다.

이 절을 개조해서 병원으로 쓰시면 어떻겠습니까?

이 정도면 아주 훌륭합니다.

베쑨 선생이 원하시는 대로 약품과 운영비를 지원하겠습니다.

그리고 선생에게 월 100달러의 월급을 지급하겠습니다.

감사합니다만 저한테 월급은 필요 없습니다.

이렇게 고생하시는데 어찌…….

차라리 그 돈을 환자를 위해 사용해 주십시오.

좋습니다. 선생의 월급은 환자들을 위한 특별 기금으로 사용하도록 하겠습니다.

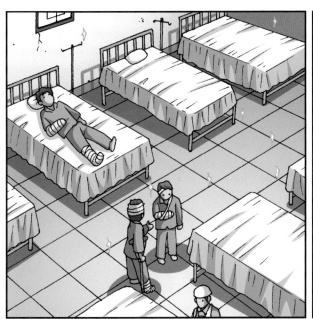

깨끗한 옷을 입고 휴식을 취하니 저절로 병이 낫는 것 같아.

전쟁터에서 이런 일이 가능한 건가?

이제야 살 만하네.

이제 의료 시설은 어느 정도 갖춰졌는데……

의료진의 교육이 시급해. 의학 지식이 부족하면 제대로 된 치료를 할 수 없어.

베쑨은 전문적인 의료 교육 외 다른 일도 계획했습니다. 그 일은 동월천과 함께했습니다. 동월천은 섭영진 장군이 보내 준 사람으로, 베쑨을 존경하고 따랐습니다.

앞으로 내가 없을 경우를 대비해서 의학 교재를 만들어야겠어.

동월천, 자네가 중국어로 번역해 주게.

네, 선생님.

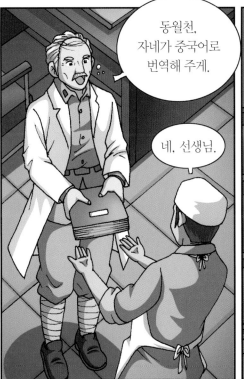

베쑨은 훗날 자신이 떠난 뒤의 일을 염려하여 교재를 만드는 데 힘을 기울였습니다. 교재는 나중에 책으로 출판되었는데, *게릴라전을 위한 세계 최초의 의학 교재가 되었습니다.

*게릴라전: 적의 배후나 측면을 소규모의 유격대가 기습 · 교란 · 파괴하는 전투

어느 날 심각한 부상을 입은 병사들을 위해 혈액이 필요했습니다. 하지만 그 당시 중국인들은 헌혈을 두려워했습니다.

여러분이 헌혈을 하면 부상자들을 살릴 수 있습니다.

피를 뽑다가 죽기라도 하면 어쩌려고.

부상병들이 불쌍해도 내 목숨이 먼저지.

헌혈을 한다고 큰 문제가 생기지 않아요. 여러분이 못 믿으시겠다면 제 피를 먼저 뽑겠습니다.

선생님께서 직접 하시다니요? 제가 시범을 보이겠습니다.

고맙네. 하지만 내 피를 뽑은 뒤에 자네 피를 뽑도록 하게.

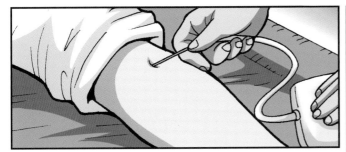

여러분이 보시다시피 피를 뽑았지만 저는 아무렇지도 않습니다.

아!

베쑨에 의해 중국 최초의 헌혈이 시작됐습니다. 그 뒤로는 다른 지역에서도 헌혈이 활발히 이루어져 많은 사람의 생명을 구할 수 있었습니다.

제 피를 드리겠습니다.

우리의 피를 나누겠습니다.

# 노먼 베쑨과 중국

중화민국의 총통 장제스(1887~1975년)

중국은 개혁에 성공한 초대 대통령 쑨원이 1925년 병으로 사망하자, 노동자들이 주축이 된 공산당과 봉건지주들 사이에 갈등이 심해졌습니다. 황포 군관 학교 교장이었던 장제스는 봉건지주들과 결탁하여 국민당을 이끌었는데, 미국의 원조를 받은 그는 마오쩌둥이 이끄는 공산주의자들을 몰아내기 위해 내란을 일으켰습니다. 한편 당시 일본은 만주를 점령하고 중국 본토에 군대를 주둔시키고 있었으며, 혼란한 상황을 이용해 공산주의자들을 공격하고 있었습니다. 노먼 베쑨이 중국에 도착했을 때 중국 공산당의 군대는 일본군과 국민당의 군대를 동시에 상대하고 있었습니다.

## 하나   중국 최초의 헌혈 부대 창립

노먼 베쑨은 온종일 부상병을 돌보느라 시간이 없어 수염을 깎지 못할 정도로 쉬지 않고 일했습니다. 병원에서 기다리는 것이 아니라 이동 수혈대를 조직하여 직접 전쟁터에 찾아갔기 때문입니다. 어느 날 출혈이 심한 환자가 발생하였는데 중국인들은 아무도 헌혈을 하려 하지 않았습니다. 당시 중국인들은 헌혈에 대해 잘 몰랐기 때문에 헌혈을 두려워했던 것입니다. 그러자 노먼 베쑨은 사람들이 모인 가운데 자신의 혈액을 뽑아 부상병에게 수혈을 했습니다. 부상병은 곧 의식을 되찾았고 중국인들은 그의 헌신적인 모습에 감동하여 자신의 팔을 내밀며 헌혈에 나섰습니다. 이로써 노먼 베쑨은 중국 최초의 헌혈 부대를 세울 수 있었습니다.

중화 인민 공화국의 초대 주석 마오쩌둥
(1893~1976년)

## 둘　의료 시설 개선

당시 중국의 의료 시설은 너무나 열악한 상황이었습니다.
마취제와 수술 도구, 수술실이 없었으며 수술용 실이 없어서
옷 꿰맬 때 쓰는 실을 그냥 사용하고 있었습니다. 노먼 베쑨은
의무대가 제 역할을 해내기 위해서는 열악한 의료 환경을
개선하는 것이 급선무라고 판단했습니다. 상부에 강력히
요청하여 시범 병원을 세우고, 수술실을 만들어 병동과
분리하였고, 부상병들이 세균에 감염되지 않도록 청소반과
위생 관리 지침을 만들었습니다. 그리고 기구들을 소독하기
위한 소독기, 부목과 들것, 환자용 인식표, 환자복 등을
만들었습니다. 노먼 베쑨은 중국 20여 곳에 병원을 설립하고
의료 체계를 혁신하였습니다.

네룽전 장군(가운데)과 대담 중인 노먼 베쑨(왼쪽).
중국에 온 베쑨은 네룽전의 팔로군 부대에 배속되
어 부상병을 치료했습니다.

## 셋　교육 개선을 위한 노력

노먼 베쑨의 노력으로 점차 의료 시설은 개선되었지만 의학
지식을 갖춘 의무 요원들은 턱없이 부족했습니다. 그래서
그는 낮에는 수술을 하고 저녁이면 의료 요원들을 교육하였고
의학 학교도 세웠습니다. 또한 노먼 베쑨은 자신이 떠난 뒤의
일을 염려하여 의학 교재를 만드는 일에도 힘을 기울였는데 그
교재는 나중에 책으로 출판되어 게릴라전을 위한 세계 최초의
의학 교재가 되었습니다.

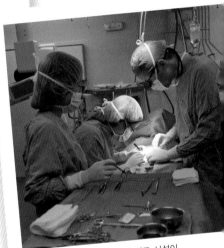

노먼 베쑨의 노력으로 중국의 의료 시설이
개선되었습니다.

## who? 지식사전

### 노먼 베쑨의 일기 중에서

"몸은 몹시 피곤하다. 그러나 이렇게 행복했던 적이 내게 있었던가? 나는 지금 얼마나 부자인가? 매 순간 활기차게 일하는
데다 모두 나를 필요로 하고 있지 않은가? 그 이상 무엇을 바란단 말인가?"

### 넷  '바이추언'이라고 불린 노먼 베쑨

"총알이 빗발치는 전쟁터에 목숨을 걸고 달려갔습니다.
부상병을 살리기 위해 자신의 피를 나누어 주었습니다.
병원을 세웠으며 학교를 세워 의료 교육을 했습니다.
수많은 사람의 생명을 살리고 병을 치료해 주었습니다.
쉬지 않고 일했으며, 모든 것을 베풀었습니다."
위의 글은 헌신적으로 중국을 위해 일하고 중국인의 생명을
구한 사람, 중국과는 아무런 상관없는 멀리 캐나다에서 온
의사 노먼 베쑨을 기리는 내용입니다. 중국인은 그의 모습에
감동하였고, 그를 '바이추언(백구은, 白求恩)'이라고 부르며
칭송했습니다. '바이추언'은 중국어로 '흰머리의 은혜로운
사람'이라는 뜻입니다. 중국군은 "바이추언 동지 만세!",
"우리 뒤에는 바이추언이 있다!"라고 노먼 베쑨을 칭송하면서
사기를 높였다고 합니다.

중국 허베이성 스자좡에 있는 노먼 베쑨의 동상
ⓒ watchsmart

### 다섯  안타까운 죽음

노먼 베쑨은 부상병을 수술하던 도중 그만 수술 칼에
손가락을 베였습니다. 그런데 이 손가락의 상처가 세균에

## who? 지식사전

중국의 의서 《황제내경》

### 의사와 관련된 명언

- 병을 고쳤다고 해서 약이나 의사 자신의 덕이라고 자랑해서는 안 된다. _히포크라테스
- 음식으로 고칠 수 없는 병은 약으로도 못 고친다. _히포크라테스
- 자연이 치료하고 의사는 이를 보완할 뿐이다. _히포크라테스
- 훌륭한 의사는 독수리의 눈과 사자의 마음과 여자의 손을 가져야 한다. _영국 격언
- 훌륭한 의사는 병을 치료하지만 위대한 의사는 환자를 치료한다. _윌리엄 오슬러
- 마음을 바르게 해 주는 것이 질병을 치료하는 기본이다. _《황제내경(중국의 가장 오래된 의학책)》

감염되어 돌이킬 수 없는 지경에 이르게 되었습니다.
1939년 11월, 노먼 베쑨은 결국 숨을 거두었고 중국인들은
눈물을 흘리며 안타까워했습니다.

> 나의 모든 친구에게 나의 영원한 사랑을 전해 주시기 바랍니다.
> 그들에게 내가 정말 행복했었다고 전해 주십시오. 유감스러운 점이 있다면
> 제가 더 많은 일을 하지 못하게 되었다는 것뿐입니다. 지난 2년은
> 제 생애에서 가장 중요하고 가장 의미 있는 시간이었습니다. 때때로
> 외로움을 느낀 적도 있었지만 저는 이곳의 사랑하는 동지들 틈에서
> 최고의 생활을 발견하게 되었습니다.
>
> -노먼 베쑨의 유서

허베이성 스자좡에 있는 노먼 베쑨의 묘
© David Chen

## 여섯  베쑨을 기념하며

노먼 베쑨은 그가 태어난 캐나다보다 중국에서 더 많은
존경을 받고 있습니다. 그가 세상을 떠난 후 중국
공산당의 수장이었던 마오쩌둥은 《베쑨을 기념하며》
라는 에세이를 발표하여 그의 죽음을 안타까워했을
정도입니다. 그의 유해는 중국의 허베이 성
스자좡(石家莊)에 있는 혁명 열사 능에 묻혔는데, 스자좡
거리에는 그를 추모하며 세운 베쑨 국제 평화 병원과
베쑨 의과 대학이 있습니다.

캐나다에는 요크 대학에 그의 이름을 딴 의과 대학이
있고, 그레이븐허스트에 있는 그의 생가는 노먼 베쑨
기념관으로 사용되고 있으며, 몬트리올에는 그의 동상이
세워져 있습니다. 1990년에는 그의 탄생 100주년을
기념하여 중국과 캐나다에서 공동으로 그를 기념하는 같은
디자인의 우표를 발행하기도 했습니다.

캐나다 그레이븐허스트에 있는 노먼 베쑨 기념관
© Claudette Bue

# 7 의로운 희생

중국 내에서 일본군과의 전쟁은 계속되었습니다. 베쑨은 전선 기동 의무대를 조직해 최전선에서 의료 활동을 펼쳤습니다.

부상자는 어디에 있습니까?

당신은 바이추언 아니오?

저는 의무
기동대의
의사 베쑨입니다.

알고 있소.
시범 병원을 세우고
죽어 가는 부상병들을
살려 냈다는 소문을
들었소.

어서 부상병들을
치료하게
해 주시지요.

베쑨은 중국인들 사이에서 '바이추언'
이라고 불렸습니다. 바이추언은
'흰머리의 은혜로운 사람'이라는
뜻입니다.

지금은 산꼭대기에서
전투가 벌어져서
부상자를 수송하기
어렵소.

흠······.
그들이 올 수 없으면
우리가 가야지요.

대장님, 일본군이 너무 많습니다.

으...... 이곳에서 밀려나면 전쟁에서 불리하게 돼.

의무 기동대의 베쑨이오. 부상자들을 돌보겠소.

바이추언!

베쑨 선생, 당신 덕분에 우리가 승리할 수 있었소.

천만에요.

병사들이 목숨을 걸고 싸우는 것처럼, 의사는 목숨을 걸고 치료하는 것이 당연합니다.

당신은 다른 의사들과는 다르오. 당신은 우리에게 특별한 존재요.

언제나 헌신적으로 치료를 하는 베쑨의 모습에
중국군은 큰 감동을 받았습니다. 그리고 그가
함께한다는 것만으로도 군대의 사기가 올라갔습니다.
자신을 믿어 주고 따르는 병사들을 보면서
베쑨은 기쁨의 눈물을 흘렸습니다.

베쑨 선생님 오셨습니까?

부상 병동은 어디입니까?

네?

베쑨은 밤낮을 가리지 않고 기동 의무대로서 부상당한 병사들을 치료하러 다녔습니다.

이 늦은 밤에 진료를 하시겠다고요? 먼 거리를 오셨는데 좀 쉬었다가……

내가 쉬는 동안 어떤 병사는 죽어 갈 것입니다. 한 명이라도 더 진료해야 하니 빨리 부상 병동으로 안내해 주십시오.

베쑨이 여느 때처럼 부상당한
병사를 수술하고 있을 때였습니다.

이보게,
동월천.

의무 대원들은
교대로 휴식을
취하도록!

선생님께서도
좀 쉬셔야
합니다.

난 괜찮네.

이대로 가다가는
선생님이 먼저
쓰러지십니다. 한숨도
안 주무시고 수술을
하고 계시잖아요.

선생님.

베쑨이 잠도 자지 않고 부상병들을 계속
치료하는 동안 일본군의 폭격도 계속되었습니다.

일본군의 폭격 때문에 죽을지도
모르는 상황에서도 베쑨은 수술을
멈추지 않았습니다.

수술을
성공적으로
마쳤네.

베쑨의 의무 기동대는 전장의 총알을 뚫고
죽어 가는 부상병들을 찾아다녔습니다.

비가 주룩주룩 내리는 어느 날이었습니다.

선생님, 선생님 안에 계십니까?

아직 주무시나 봐요.

늦잠을 주무실 분이 아니잖아.

혹시……

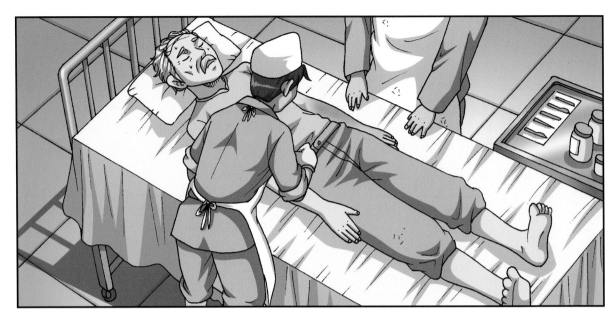

베쏜은 얼마 전 수술 중에 베인 손가락을 제대로 치료하지 못해, 세균이 감염되어 *패혈증에 걸리고 말았습니다.

잠을 너무 오래 잔 것 같군. 동월천, 어서 부상병을 치료하러 떠나도록 하지.

선생님은 휴식이 필요하십니다. 체온이 40도가 넘는다고요.

괜찮아, 괜찮아. 나보다는 병사들을 먼저 걱정하게.

선생님, 제가 선생님의 팔을 절단할 수 있게 해 주십시오.

그대로 두면 생명이 위험합니다.

\* 패혈증: 곪아서 고름이 생긴 상처나 종기 따위에서 병원균이나 독이 계속 혈관으로 들어가 순환하여 심한 중독이나 염증을 일으키는 병

내 몸의 상태에 대해 잘 알고 있어. 이미 세균이 혈관을 타고 몸속 깊은 곳까지 침투했지.

아니, 나는 두 팔을 갖고 살고 싶네.

팔을 자른다고 나을 병이 아니야.

쿵

선생님!

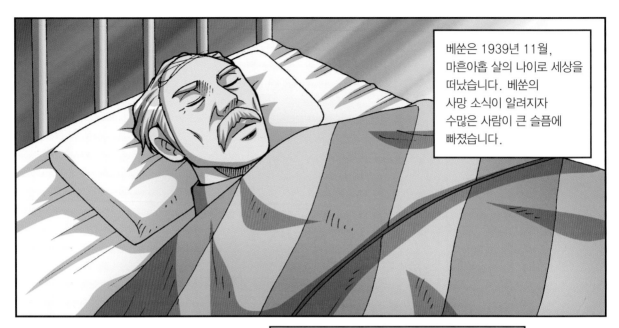

베쑨은 1939년 11월, 마흔아홉 살의 나이로 세상을 떠났습니다. 베쑨의 사망 소식이 알려지자 수많은 사람이 큰 슬픔에 빠졌습니다.

베쑨은 기동 의무대를 조직하여 최전선을 누비며 헌신적인 의료 활동을 펼쳤고, 20여 곳에 병원을 설립하여 의료 체계를 다듬었습니다. 그는 중국 민중의 영원한 친구이자 영웅이었습니다.

중국군은 바이추언을 외치며 더욱 용감하게 싸워 결국 일본군을 몰아냈습니다. 베쑨의 열정과 죽음을 전쟁의 승리로 보답한 것입니다.

노먼 베쑨은 지난 20세기가 낳은 가장 위대한 의사 중 한 명입니다. 언제나 가난한 자들을 위해 헌신했으며, 죽는 날까지 생명을 구하기 위해 최선을 다했습니다. '환자가 오기를 기다리지 말고 환자를 직접 찾아가라'고 말한 노먼 베쑨은 진정한 의사의 표본으로 오랫동안 기억될 것입니다.

who?와 함께라면 미래가 보인다

# 어린이
# 진로 탐색

의사

어린이 친구들 안녕?
**노먼 베쑨** 이야기 재미있게 읽었나요?

그렇다면 이제부터
**노먼 베쑨**이 꿈을 키워 가는 과정을 함께 되짚어 보며
그가 활동한 분야와 그 분야에 속한 다양한 직업에 대해
살펴봐요!

또한 여러분에게는 어떤 장점과 적성, 가능성이
숨어 있는지 찾아보면서
그것을 어떻게 진로와 연결시킬 수 있는지에 대해서도
알아봅시다!

그럼 지금부터
여러분이 멋진 꿈을 향해 나아갈 수 있도록 도와줄
진로 탐색을 시작해 볼까요?

자기 이해부터
진로 체험까지,
다양한 진로 탐색
활동을 시작해 봐요!

진로
탐색
STEP 1

# 나의 도전 목록

노먼 베쑨은 어렸을 때 강을 헤엄쳐 건너려다 위험에 빠진 적이 있어요. 하지만
끝까지 도전해서 결국 강을 건넜어요. 이렇게 어려운 일을 포기하지 않고 도전하는
정신이 있었기에 베쑨은 훗날 에스파냐 내전이 벌어지는 전쟁터에서 '이동 수혈대'를
이끌고, 수많은 병사의 목숨을 구할 수 있었답니다.
여러분은 어떤 일에 도전해 보고 싶나요? 그리고 그 일을 이루기 위해 노력해야 할
점은 무엇인가요?

| 도전하고 싶은 일 | | 필요한 준비나 노력 |
|---|---|---|
| 한 달 동안 책 100권 읽기 | ➡ | 책 읽는 시간을 미리 정해 두고 시간을 지키도록 해요. |
| | ➡ | |
| | ➡ | |
| | ➡ | |

**178**

# 의사와 진료 과목

노먼 베쑨은 전쟁터에서 다친 사람들의 상처를 치료하는 외과 의사였어요. 의사는
진료 과목에 따라 여러 종류로 나뉘어요. 그래서 의사가 되기 위해서는 먼저 자신이
어떤 진료 과목에 적합할지 생각해야 해요.
그럼 진료 과목에 대해서 좀 더 알아볼까요? 아래 그림에서 가리키는 부분이 아플
경우에 어떤 병원에 가서 치료하는지 조사해서 써 보세요.

안과, 내과, 치과, 피부과, 정형외과

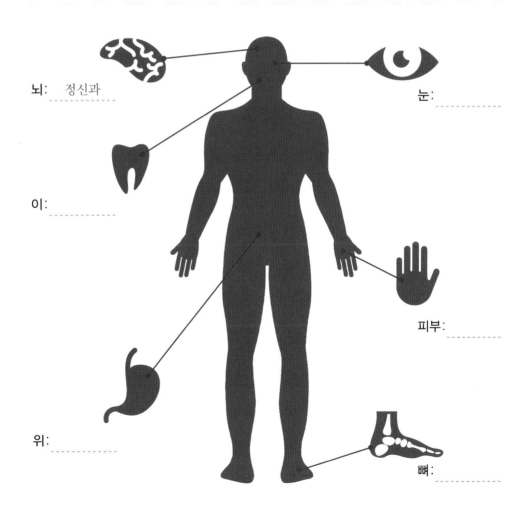

뇌:  정신과

눈:

이:

피부:

위:

뼈:

# 심폐소생술을 하는 방법

노먼 베쑨은 전장에서 수혈을 할 수 있는 이동 수혈대를 만들어 부상자의 사망률을
낮추는 데 큰 공헌을 했어요. 이동 수혈대처럼 보기엔 간단해 보이지만 위급한
순간에 사람을 살릴 수 있는 중요한 방법이 또 있답니다. 바로 심폐소생술이에요.
심폐소생술은 4분 안에 사람을 구할 수 있는 응급 처치입니다. 심폐소생술을
배우려면 대한심폐소생협회 홈페이지에서 동영상을 다운받거나 교육을 신청할 수
있어요. 심폐소생술에 대해 알아보고, 아래의 네 가지 행동 방법에 알맞은 내용을
적어 보세요.

| 환자를 깨워요 | 쓰러져 있는 사람을 발견하면 환자에게 다가가, 어깨를 두드리며 큰소리로 깨우고 반응을 살펴요. |
|---|---|
| 119에 신고해요 | |
| 가슴을 강하게 눌러요 | |
| 자동제세동기를 사용해요 | |

# 의사로서 지키고 싶은
# 나만의 규칙

의사는 '히포크라테스 선서'를 해요. 히포크라테스 선서를 하는 것은 의사로서 어떤
마음가짐을 가지고 환자를 대하고 치료할지 마음에 새기는 일이기도 해요. '통합
지식⁺ 4' 102페이지에 나온 히포크라테스 선서를 참고하여 내가 의사가 된다면
지키고 싶은 것을 아래에 적어 보세요. 왜 의사가 되고 싶은지, 어떤 의사가 되고
싶은지를 생각하며 적어 보세요.

**이제 의업에 종사할 허락을 받음에 나의 생애를 인류 봉사에 바칠 것을 엄숙히
서약하노라.**

**나는** 가난한 사람이라고 차별하지 않고 열심히 치료하겠습니다.

**나는** ..............................................................................................................

**나는** ..............................................................................................................

**나는** ..............................................................................................................

**나는** ..............................................................................................................

**이상의 서약을 나는 자유의사로 나의 명예를 받들어 하노라.**

# 노먼 베쑨

| 1890년 | | 캐나다 온타리오주의 그레이븐허스트에서 목사의 아들로 태어납니다. |
|---|---|---|
| 1897년 | 7세 | 토론토로 이주합니다. |
| 1914년 | 24세 | 캐나다 육군에 자원입대해 제1차 세계 대전에 참전합니다. |
| 1915년 | 25세 | 토론토 대학교 의학부를 졸업합니다. 졸업 후 영국 해군에 입대해 군의관으로 일합니다. |
| 1923년 | 33세 | 스코틀랜드 명문가 출신의 프란시스 캠벨 페니와 결혼합니다. |
| 1925년 | 35세 | 미국 디트로이트에서 병원을 열어 큰 성공을 거둡니다. 의사로 일하며 사회의 모순에 눈뜹니다. |
| 1926년 | 36세 | 결핵에 걸려 미국 뉴욕주에 있는 트뤼도 요양소에 입원합니다. |
| 1927년 | 37세 | 결핵을 치료하기 위해 인공 기흉술을 받고 기적적으로 회복합니다. |
| 1929년 | 39세 | 캐나다 몬트리올 왕립 빅토리아 병원의 세계적인 흉부외과 의사 아취볼드 밑에서 일합니다. |

| | | |
|---|---|---|
| 1930년 | 40세 | 늑골 박리기, 베쑨 기흉기, 베쑨 늑골 절단기 등을 개발합니다. |
| 1934년 | 44세 | 몬트리올 성심 병원의 흉부외과 과장이 됩니다. 보건 의료 운동에 뛰어듭니다. |
| 1935년 | 45세 | 러시아를 방문해 사회주의 의료 제도에 대해 알게 됩니다. 몬트리올 국민 보건 그룹을 세우고 캐나다 공산당에 입당합니다. |
| 1936년 | 46세 | 의료 지원단을 이끌고 에스파냐 내전에 참여해 이동 수혈대를 만들어 전시 의료 분야를 개척합니다. |
| 1938년 | 48세 | 전쟁 중인 중국 의료 봉사대에 자원합니다. 전선 기동 의무대를 조직해 최전선에서 의료 활동을 펼치고 유격전 의료 체계를 혁신하여 중국 민중의 영웅으로 추앙받습니다. |
| 1939년 | 49세 | 수술 중 다친 손가락이 세균에 감염되어 패혈증으로 사망합니다. |

# 찾아
# 보기